Rainer Feldmann · Orchideen als Zimmerpflanzen

Rainer Feldmann

Orchideen als Zimmerpflanzen

– ihre Kultur auf der Fensterbank

mit 103 Farbfotos
und 21 Schwarzweiß-Zeichnungen

Neumann Verlag Leipzig · Radebeul

Feldmann, Rainer
Orchideen als Zimmerpflanzen: ihre Kultur
auf d. Fensterbank / Rainer Feldmann
– 2. Aufl.– Leipzig; Radebeul:
Neumann Verlag, 1990.– 180 S.: 124 Ill.
(z. T. farbig)
ISBN 3-7402-0024-3

ISBN 3-7402-0024-3

2. Auflage 1990
Alle Rechte vorbehalten
© Neumann Verlag Leipzig · Radebeul 1987
VLN 151–310 · LSV 1359
Einbandgestaltung und Typographie: Petra Matzke
Farbfotos mit Titelfoto: Rainer Feldmann
Zeichnungen: Ernst Halwaß
Printed in the German Democratic Republic
Gesamtherstellung: Magdeburger Druckerei
Bestell-Nr. 799 098 8

Inhalt

Vorwort

Tropische und subtropische Orchideen waren einst seltene Zierpflanzen, Kostbarkeiten des Urwaldes, nicht nur teuer, sondern auch schwer zu beschaffen. Heute werden sie von vielen Gärtnereien kultiviert und in immer neuen Sorten auch den Hobbygärtnern angeboten. Viele Liebhaber haben sich Gewächshäuser gebaut, in Pflanzenfenstern oder Vitrinen geeignete Bedingungen für die Pflege von Orchideen geschaffen. Die Zimmerkultur auf dem Fensterbrett ist dagegen noch selten anzutreffen. Man traut den Orchideen einfach nicht zu, daß sie auch in unserem Wohnklima gedeihen können. Dieses Buch soll Sie dazu anregen, es zu versuchen. Geeignete Räume dafür finden sich in fast allen Wohnungen, Balkon oder Garten eignen sich als Sommeraufenthalt für manche Pflanzen.

Seit fast 20 Jahren kultiviere ich ohne besondere technische Hilfsmittel Orchideen auf dem Fensterbrett. Ungefähr 100 verschiedenartige Orchideen sind es inzwischen geworden. Sie gedeihen, wachsen und blühen regelmäßig.

Man muß aber ein bestimmtes Verständnis für diese anspruchsvollen Pflanzen entwickeln. Jede von ihnen ist ein Individuum mit speziellen Ansprüchen an die Umwelt, die sich hauptsächlich aus dem Klima ihres Heimatstandortes und aus dem Verlauf des jährlichen Vegetationszyklus ergeben. Sie muß der Pfleger durch geeignete Maßnahmen, die von den unmittelbar am Standort wirkenden Bedingungen, von Alter, Größe und aktuellem Zustand der Pflanzen abhängig sind, erfüllen.

Es sind meine eigenen Erfahrungen, die ich weiter vermitteln möchte. Sichere Rezepte für die Kultur von Orchideen gibt es nicht. Viele Faktoren beeinflussen die Pflege.

Die Kulturhinweise betreffen deshalb vor allem grundlegende Bedingungen, die einzuhalten sind. Sie müssen vom Pfleger individuell, seinen Standortgegebenheiten angemessen, variiert werden. Dem Verständnis elementarer Zusammenhänge in der Orchideenkultur dienen auch die allgemeinen Hinweise auf Licht, Luft, Wasser, Nährstoffe usw. Wer Orchideen hält, sollte sich in der Nomenklatur zurechtfinden können, deshalb enthält das Buch auch einige Bemerkungen dazu.

Im speziellen Teil werden 26 Orchideengattungen beschrieben, über die Erfahrungen mit der Kultur auf dem Fensterbrett vorliegen. Das Literaturverzeichnis soll die Informationen dieses Buches vervollständigen und dazu anregen, eigene Erfahrungen mit Orchideen zu erweitern.

Ich hoffe, Wissenswertes beschrieben zu haben, so daß mein Buch dem Anfänger wie dem Fachmann dienlich sein kann. Für alle kritischen Hinweise und Ergänzungen bin ich dankbar.

Danken möchte ich allen, die das Entstehen dieses Buches anregten und großzügig förderten. Ganz besonders gilt dieser Dank den Lektoren Herrn B. Röllich und Herrn K.-P. Hönnicke sowie Herrn J. Röth, Halle, der darüber hinaus als Gutachter das Manuskript sorgfältig prüfte und viele Hinweise und Anregungen gab. Besten Dank auch den Mitarbeitern des Neumann Verlages und meiner Frau, die mich bei der Abfassung des Manuskriptes unterstützte.

Ilmenau, im März 1986   Rainer Feldmann

Orchideen –
weltweit gefährdete Schönheiten

In den meisten europäischen Ländern werden die Orchideen immer seltener. Die ehemals recht verbreiteten Pflanzen sind heute in unserer heimatlichen Natur nur noch an wenigen Standorten zu finden. Das liegt neben der intensiveren Bodenbewirtschaftung auch an den zunehmenden Veränderungen der Umwelt durch den Menschen. Orchideen sind sehr empfindlich gegen Störungen in der Natur. Sie und viele mit ihnen vergesellschaftete Pflanzen und Tiere können nur erhalten werden, wenn es uns gelingt, ihre Standorte zu erhalten. Daran sollten sich alle Naturfreunde beteiligen.

Tropische und subtropische Orchideen sind ebenso empfindliche Planzen, die auf jede Veränderung ihrer Umwelt reagieren. Ihr erschreckender Rückgang zeigt das rasche Vordringen des Menschen mit all den schädigenden Nebenwirkungen seiner Zivilisation in ihre einst unberührten Lebensbereiche alarmierend an. Außerdem tragen Sammlerleidenschaft und Gewinnstreben zur Ausrottung dieser seltenen Orchideenarten wesentlich bei.

Tropische und subtropische Orchideen – mein Hobby

Mit der zunehmenden Konzentration der Menschen in den Städten wächst die Sehnsucht nach einem Stückchen Natur, das man in der eigenen Wohnung umhegen und umsorgen kann.

Zunächst als Ausgleich für die täglichen Arbeitsaufgaben gedacht, gibt der Umgang mit Pflanzen und Tieren aber auch neue Kraft für den Alltag. Natürlich soll dieses Stückchen Natur die Wohnung das ganze Jahr über schmücken. Dafür eignen sich am besten Pflanzen und Tiere aus solchen Ländern, in denen die Temperaturen etwa so sind, wie wir sie in unseren Zimmern gern haben. So sind in der Vergangenheit Zierfische, Vögel und viele Pflanzen aus anderen Ländern und Erdteilen in unseren Wohnungen heimisch geworden. Sie vermitteln uns mit ihrem Farbenreichtum und den vielen Formen einen Hauch der Exotik der fernen Länder.

Vielfältig ist das Angebot an Pflanzen und Tieren, denen man sich in seiner Freizeit widmen kann.

Mein ganz besonderes Interesse gilt Pflanzen mit der für die Tropen und Subtropen charakteristischen epiphytischen Lebensweise. Epiphyten sind nicht an den Erdboden gebunden. Sie haben ihren Standort weit oben in den Wipfeln der tropischen und subtropischen Baumriesen gefunden. Hier erhalten sie ausreichend Licht und durch Regengüsse und Tau auch genügend Feuchtigkeit. Orchideen sind wohl die bekanntesten Vertreter dieser Pflanzengruppe. Sie sind uns als haltbare, wunderschöne und kostbare Blüten bekannt, die man nur zu besonderen Anlässen verschenkt.

Eine solche Pflanze, eine *Coelogyne massangeana*, konnte ich vor etwa zwanzig Jahren erwerben. Bis dahin kannte ich unsere heimischen Orchideen und wußte, daß sie streng geschützt sind, weil sie immer seltener werden, daß sie nur unter bestimmten Bedingungen keimen und daß bis zur ersten Blüte viel Zeit vergeht. Knifflige Aufgaben im Biologieunterricht lenkten schon während der Schulzeit meine Aufmerksamkeit auf den besonderen Blütenbau und damit auf die Schönheit der Orchideen.

Nun also stand auf meiner Blumenbank eine Pflanze, die mir sehr viel größere Blüten bringen sollte, als ich sie von den heimischen Orchideen kannte.

Die *Coelogyne massangeana* wurde deshalb mit besonderer Aufmerksamkeit bedacht. Sie bekam neben anderen Zimmerpflanzen einen Platz in unmittelbarer Nähe eines Südfensters, wurde regelmäßig gegossen und gelegentlich in der Badewanne geduscht. Die Pflanze wuchs, brachte Neutriebe und endlich zur Freude der ganzen Familie erste Blütentriebe. Mit Spannung verfolgten wir täglich die Fortschritte, das Wachsen und Werden des Blütenstandes.

Als sich dann die erste Knospe an der vielblütigen Blütentraube öffnete, wurde sie von allen bestaunt und bewundert.

Dieses Erlebnis hat meine Freizeit nachhaltig geprägt. Es begann die Suche nach weiteren Orchideen, nach Pflegehinweisen und nach einschlägiger Fachliteratur. Erste Kontakte zu anderen Orchideenfreunden führten mich in die große Pflanzenfamilie immer tiefer ein. Ich konnte weitere Pflanzen und ihre Blüten kennenlernen und näher beobachten. So habe ich mich mit der Vielgestaltigkeit der Orchideen immer besser vertraut gemacht. Zur ersten eigenen Orchidee gesellten sich nach und nach weitere Pflanzen. Manchmal bekam ich sie schon als blühfähige Exemplare, oft aber auch als sogenannte Rückstücke, die längere Zeit bis zur ersten Blüte brauchten. Alle Pflanzen wurden täglich, oft noch vor Arbeitsbeginn und nach Feierabend wieder, genau beobachtet. So konnten alle Fortschritte und jede Stagnation registriert werden. Mit der Zeit vergrößerte sich die Sammlung so sehr, daß sie die meisten Fenster der Wohnung belegte. Das ging natürlich nur, weil die ganze Familie Anteil an den Orchideen nahm und mit Spannung verfolgte, wann wieder eine Pflanze ihre Blüten öffnet.

Beim täglichen Umgang mit allen Pflanzen verfahre ich noch ebenso wie bei der ersten Orchidee. Sie werden genau beobachtet, und ich erkenne, ob sie sich wohl fühlen oder ob die Pflege in bestimmter Weise verändert werden muß. Die tägliche Zwiesprache mit den Pflanzen ist für mich das Wichtigste, denn dadurch kenne ich von jeder einzelnen den aktuellen Zustand. Ich weiß, ob sie neue Wurzeln bildet, ob sie sich kräftig entwickelt oder ob sie Mangel leidet. Immer wieder ist es ein schöner Moment, wenn ich entdecke, daß sich eine Pflanze zum Blühen anschickt. Wächst dann der Blütenstand heran, und ich kann beobachten, wie sich die Knospen öffnen, so sind alle Mühen der Pflege vergessen. Jede Pflanze blüht anders, keine Blüte gleicht der anderen, und jede ist wunderschön.

Inzwischen ist eine Sammlung von etwa 100 verschiedenen Orchideen an den Fenstern der Wohnung untergebracht. Im Sommer stehen einige auf dem Balkon. Sie werden alle ohne besondere technische Hilfsmittel, wie sie Vitrinen oder Blumenfenster bieten, gepflegt.

Die Erfahrungen mit diesen 100 verschiedenen Pflanzen bilden die Grundlage für das vorliegende Buch. Es gibt sicherlich noch wesentlich mehr Arten und Hybriden, die für die Zimmerkultur geeignet sind. Das muß aber in jedem Fall durch den praktischen Versuch erprobt werden.

Die Schönheit und die Eigenart der vielfältigen Blüten tropischer und subtropischer Orchideen verführen dazu, immer wieder neue, andere Pflanzen zu erwerben und sich an ihrer Blütenpracht zu erfreuen. Voraussetzung für den Erfolg ist, daß man nur solche Orchideen auswählt, denen man auch annähernd die Lebensbedingungen bieten kann, die an ihren heimatlichen Standorten vorhanden sind.

Spezialgärtnereien und Hobbygärtner haben eine Fülle von Orchideenpflanzen aufgezogen, so daß jeder Anfänger gute Möglichkeiten hat, «seine» Pflanzen dort zu finden.

Die Pflege der in ihren Heimatländern immer seltener werdenden Orchideen trägt dazu bei, sie zu erhalten und vielleicht sogar zu vermehren.

Orchideen als Zimmerpflanzen –
Illusion oder Realität?

Seit tropische und subtropische Orchideen in Europa bekannt sind, hat es nicht an Versuchen gefehlt, diese herrlichen Pflanzen auch im Zimmer zu pflegen. Schon lange gibt es Blumenbücher, die auch Hinweise für die Haltung tropischer Orchideen als Zimmerpflanzen enthalten. Bereits 1904 wurde ein Buch, speziell für die Pflege von Orchideen im Zimmer, verlegt. Trotzdem werden viele Pflanzenfreunde, die diese Schönheiten gern in ihren Wohnungen haben möchten, davon abgehalten, weil den Orchideen der Ruf anhaftet, ihre Pflege setze erfahrene Spezialisten und technisch besonders ausgerüstete Gewächshäuser voraus oder sei nur in Gärtnereien und botanischen Gärten möglich. Zahlreiche Mißerfolge, meist begründet durch die Verwendung ungeeigneter Pflanzen oder durch unzureichende Pflegeerfahrungen, haben zu der heute noch weit verbreiteten Ansicht geführt, daß Orchideen als Zimmerpflanzen ungeeignet seien. Ja, es gibt sogar einige Pflanzenbücher, die die Pflege von Orchideen im Zimmer als unmöglich darstellen oder nur ganz wenige Arten als erfolgversprechend empfehlen. Beschäftigt man sich jedoch mit der Familie der Orchideen genauer, so erkennt man, daß es für die Zimmerpflege geeignete Arten geben muß. Tropische und subtropische Orchideen kommen doch gemeinsam mit heute bei uns durchaus üblichen Zimmerpflanzen wie Araceen, Bromeliaceen oder Farnen an ihren heimatlichen Standorten vor.

Eine Orchidee an einem Fenster zu sehen, gehört aber immer noch zu den Raritäten. Dabei zählt die Familie der Orchideen zu den größten im Pflanzenreich. Etwa 25 000 verschiedene Arten sind über weite Gebiete der Erde verbreitet. Sie fehlen nur in den Zonen des ewigen Eises und in Wüsten.

Orchideen weisen eine unübertroffene Vielfalt an Formen, Farben und Größen auf. Ebenso vielfältig sind ihre Anforderungen an die Umwelt und damit ihre Pflegeansprüche.

Zur Familie der Orchideen gehören Arten, die nur wenige Zentimeter groß sind und kleine Blüten mit einem Durchmesser von wenigen Millimetern haben, aber auch bis zu 4 m hohe Arten mit entsprechend langen und kräftigen Blütenständen. Die Orchideen haben sich alle Lebensräume auf dem Land erobert. Sie leben in schattigen Wäldern, in Mooren und Sümpfen, aber auch in Sanddünen und Dornbüschen, auf Felsen und Bäumen. Sehr unterschiedlich ist die Größe des Verbreitungsgebietes der einzelnen Gattungen und Arten. Es gibt Gattungen, die fast auf der gesamten Erde vorkommen; dagegen ist der Lebensraum einiger Gattungen und Arten auf nur wenige Quadratkilometer beschränkt. Sie werden nur in einem Flußtal oder auf einer Insel gefunden; andere wieder sind in weiten Gebieten eines ganzen Kontinentes zu Hause.

Menschlicher Züchterfleiß hat in jahrzehntelanger Arbeit eine riesige Anzahl von Hybriden hervorgebracht, die die Vielfalt der natürlichen Arten noch weit übertrifft. Die meisten Orchideen wachsen in den tropischen Ländern. Sie siedeln dort nicht nur in den ständig feuchtwarmen Regenwäldern, sondern steigen in den Hochgebirgen, z.B. im Himalaja oder in den Anden, bis in etwa 4 000 m Höhe hinauf, also bis in die Höhen des Nebelwaldes, in denen Nachtfröste auftreten können. Andere Arten besiedeln Dornbuschregionen mit langen Trockenzeiten und großen Temperaturunterschieden zwischen Tag und Nacht.

Mit zunehmender Entfernung von den Tropen wird der Artenreichtum der Orchideen geringer.

In Mitteleuropa sind nur noch wenig mehr als 60 verschiedene Arten, auf dem Gebiet der DDR etwa 50 Arten beheimatet. Am bekanntesten ist der Frauenschuh (*Cypripedium calceolus L.*), der in Größe, Form und Farbe noch am ehesten an seine großen tropischen und subtropischen Verwandten erinnert.

Keineswegs entsprechen alle tropischen Orchideen unseren herkömmlichen Vorstellungen von tropischer Blütenpracht, von großen, überreich gefärbten und bizarren Blüten. Viele Orchideenarten haben, bei oberflächlicher Betrachtung, unscheinbare, wenig attraktive Blüten. Sie sind für den Berufsgärtner uninteressant, denn er möchte ja auffallende, haltbare Blüten verkaufen. Für den Liebhaber sind jedoch gerade diese sogenannten botanischen Orchideen in den meisten Fällen geeignete Pflanzen. Sie beanspruchen oft nur wenig Platz, so daß auf kleinem Raum eine größere Artenvielfalt untergebracht werden kann. Die Auswahl geeigneter Pflanzen für die Fensterbank richtet sich in erster Linie nach dem zur Verfügung stehenden Platz und nach den in der Wohnung in Fensternähe herrschenden Bedingungen, die dem Klima der Heimatstandorte der ausgewählten Pflanzen weitgehend entsprechen müssen.

Jeder, der Orchideen in seiner Wohnung pflegen will, muß wissen, daß sie nicht zu den anspruchslosen Zimmerpflanzen gehören, die man nebenbei versorgen kann. Sie fordern von ihrem Pfleger eine ständige, geduldige, liebevolle Beobachtung und ein hohes Maß an Einfühlungsvermögen in ihre jeweiligen konkreten, jahreszeitlich sich ändernden Ansprüche, das es ihm ermöglicht, ihr Wachstum entsprechend zu fördern. Nur so werden sich Erfolge einstellen. Das Heranwachsen eines Blütentriebes und das Öffnen der Blüten sind der schönste Lohn für alle Mühen. Jeder wird seine eigenen Erfahrungen mit seinen Pflanzen machen müssen, da die Orchideen durch die jeweiligen Bedingungen in der Wohnung und durch die Art der Behandlung sehr stark beeinflußt werden.

Neben der Freude am Hobby, am erreichten Blütenflor hat die Pflege tropischer Orchideen in unserer Zeit eine besondere Bedeutung. Die Liebhaber bewahren Kostbarkeiten der Natur, die in ihren Heimatländern stark gefährdet oder bereits ausgerottet sind. Die seit Jahrhunderten andauernde Ausfuhr großer Mengen tropischer Orchideen, die skrupellose Jagd nach seltenen Formen und Arten haben zu deren starkem Rückgang geführt. Noch heute werden ganze Standorte von Sammlern getilgt. Raubbau und Rodungsmaßnahmen zerstören täglich Tausende Hektar tropischen Regenwaldes und mit ihnen die botanischen Kostbarkeiten, die an diese Standorte gebunden sind.

Orchideen sind oft auf ganz bestimmte Gegebenheiten an ihren Standorten eingestellt. Jeder Eingriff, und ist er auch auf den ersten Blick nicht erkennbar, kann zum Rückgang oder zum Verschwinden der Population führen. Hier gilt für tropische

Orchideen dasselbe wie für unsere heimischen Orchideen. Diese Empfindlichkeit gegenüber Umweltänderungen muß jedem Pfleger immer deutlich bewußt sein. Die Erhaltung der Artenvielfalt tropischer Orchideen wird mehr und mehr zur moralischen Verpflichtung aller Pflanzenfreunde. Zur erfolgreichen Pflege der Orchideen muß man die Lebenserfordernisse dieser Pflanzen unbedingt kennen. Deshalb sollen die wichtigsten von ihnen in den folgenden Abschnitten näher behandelt werden. Der Leser muß aber wissen, daß bei weitem noch nicht alle Fragen und Probleme dieser großen Pflanzenfamilie wissenschaftlich bearbeitet sind. Es kann also jeder Orchideenfreund zur Erweiterung des Wissens um unsere Orchideen beitragen, wenn er mit viel Liebe und Geduld ihren Lebensansprüchen, ihren biologischen Besonderheiten nachspürt.

Besonderheiten der Orchideen

Orchideen, als einkeimblättrige Pflanzen (Monokotyledonen), sind mit den uns gut bekannten Liliengewächsen *(Liliaceae)* wie Tulpen, Lilien und mit den in den Tropen und Subtropen Amerikas weit verbreiteten Ananasgewächsen *(Bromeliaceae),* die wir als attraktive Zimmerpflanzen kennen, verwandt.

Die Orchideen sind mehrjährige Pflanzen, die sich die verschiedensten Standorte in weiten Gebieten der Erde erobert haben. Sie entwickelten ganz bestimmte Formen von Wurzeln, Sprossen, Blättern, Blüten, Früchten und Samen, die unter den gegebenen Standortbedingungen ihre Funktion am besten erfüllen.

Wir kennen Orchideen als Erdbewohner (Geophyten) oder als Baumbewohner (Epiphyten), sogenannte Aufsitzer. In den tropischen Ländern siedeln Orchideen bevorzugt als Epiphyten in den Wipfeln der Bäume, wo sie dem für ihr Gedeihen so wichtigen Licht am nächsten sind. Als Geophyten treffen wir sie nur dort, wo ausreichend Licht bis auf den Erdboden dringen kann.

Die weit verbreitete Ansicht, tropische und subtropische Orchideen seien Schmarotzer, ist falsch. Sie sitzen lediglich an den Ästen und Stämmen der Bäume, ohne ihrem Wirt Nährstoffe zu entziehen. Viele Arten, die bevorzugt auf Bäumen aufsitzen, sind auch auf feuchten, bemoosten Steinen zu finden, wenn die Standortbedingungen ihren Anforderungen entsprechen (Lithophyten).

In den gemäßigteren Zonen der Erde sind Orchideen bevorzugt Geophyten. Bedingt durch den Rhythmus der Jahreszeiten, bilden sie unterirdische Speicherorgane (Knollen) aus, mit deren Hilfe sie die winterliche Ruheperiode überdauern können.

Die Gliederung der Orchideen in Geophyten und Epiphyten oder Lithophyten charakterisiert den Lebensraum dieser Pflanzen nicht erschöpfend. Es ist z. B. ein großer Unterschied, ob eine epiphytische Pflanze an den äußersten Zweigspitzen von Bäumen in etwa 2 000 m Höhe im Nebelwald lebt oder Baumstämme im schattigen, feuchtwarmen Regenwald in Meereshöhe besiedelt. Ebenso unterschiedlich können Lithophyten-Standorte sein: helle und luftige, mehr oder weniger schräge Gebirgslagen oder aber schattige, ständig feuchte, bemooste Felsen.

An exponierten Standorten erhalten tropische Pflanzen Lichtmengen bis zu etwa 100 000 lx, eine für uns unvorstellbare Lichtfülle; an schattigen Stellen dagegen sind es nur 5 000 bis 10 000 lx. Orchideen, die den bemoosten Ästen von Bäumen der Wolkennebelgebiete aufsitzen, sind ständig der feuchten Luft ausgesetzt; andere wieder leben in Gebieten, die tagsüber heiß und trocken sind, nur kurze, ergiebige Regengüsse sorgen dort für die notwendige Durchfeuchtung. Orchideen wachsen aber auch in ausgesprochenen Trockengebieten, in denen sie monatelange Trockenperioden überdauern müssen und nur auf den nächtlichen Tau angewiesen sind, um ihren Feuchtigkeitsbedarf zu decken.

Die einzelnen Orchideenarten haben sich in ihrem Wuchs und ihren Ansprüchen den Bedingungen des heimatlichen Standortes optimal angepaßt. Ihr Erscheinungsbild wird dadurch geprägt, und der Orchideenkenner vermag in vielen Fällen bereits noch nicht blühende Pflanzen ihrer Gattung oder sogar Art zuzuordnen. Er erkennt auch, welche besonderen Anforderungen die Pflanzen an die Pflege stellen.

Fehlen ihnen Speicherorgane, wie verdickte Stengel oder Blätter, und sind die Blätter sehr dünn und zart, so verlangen sie eine gleichmäßige Feuchtigkeitszufuhr. Stattliche, kräftige Speicherorgane, wie fleischige Blätter oder dicke und derbe Triebe, zeigen an, daß die Pflanze längere Ruhe- und Trockenperioden überdauern kann. Entsprechende Bedingungen müssen ihr geboten werden, wenn der Pfleger nicht nur das Wachsen, sondern auch die herrlichen Blüten erleben will. Den Zusammenhang zwischen den Bedingungen am heimatlichen Standort der Pflanze, ihrem Erscheinungsbild und ihren Pflegeansprüchen muß jeder Orchideenfreund berücksichtigen.

Wurzeln

Die Wurzeln der Orchideen sind für ihre Doppelfunktion als Haftorgane und als Hauptversorger der Pflanzen mit Nährstoffen und Wasser besonders ausgebildet. In Abhängigkeit von ihrem Standort und ihrer Lebensweise entwickeln Orchideen Erdwurzeln (Geophyten) oder Luftwurzeln (Epiphyten).

Erdwurzeln bilden reichlich Wurzelhaare. Die Wurzelspitzen sind glatt und fleischig. Luftwurzeln, die von den Epiphyten meist überreichlich ausgebildet werden, sind zunächst glatt und rund, ihre Spitzen sind gelb oder grün, manchmal auch rötlich überlaufen. Das Grün der Spitze rührt von Chlorophyll her, das Literaturangaben zufolge wirksamer ist als das Chlorophyll der Blätter. Deutlich richten sich die grünen Wurzelspitzen nach dem Licht aus. Sie müssen von Licht und feuchter Luft umgeben sein, damit sie voll wirksam werden können.

Wärmezufuhr im Wurzelbereich fördert das Wurzelwachstum. Zu wenig Wärme, etwa durch hohe Verdunstungskälte, führt dazu, daß die Wurzeln ihr Wachstum einstellen oder sogar absterben.

Ältere Wurzelteile schimmern silbriggrau infolge des sie umgebenden Velamens, eines Mantels aus abgestorbenen, luftführenden Zellen, die noch zur Wasseraufnahme (Regen, Tau, Nebel) fähig sind. Das Velamen ist besonders deutlich bei Luftwurzeln ausgebildet. Erdwurzeln entwickeln dagegen nur ein kurzlebiges Velamen.

Treffen Luftwurzeln nach Überwindung mehr oder weniger großer Entfernungen auf eine Unterlage, so schmiegen sie sich als Haftwurzeln fest an und bilden Wurzelhaare aus, mit denen sie sich an der Unterlage festhalten. Manche Orchideen bilden neben den Haftwurzeln sogenannte Nestwurzeln aus. Das sind reichverzweigte Seitenwurzeln, die nach oben gerichtet sind. In der Natur werden von solchen nestartigen Gebilden pflanzliche und tierische Reste (Laub u.ä.) gesammelt, die sich zersetzen und neugebildeten Wurzeln bzw. Pflanzen als Nahrungsquelle dienen.

Im Inneren der Orchideenwurzeln liegt das zentrale Leitbündel, das von einer einschichtigen Endodermis umgeben ist. Es schließt sich die Rinde an, die von der Exodermis (obere, verkorkende Schicht der Rinde) und dem Velamen (Epidermis) ein-gehüllt wird. Mit besonderen Durchlaßzellen in Exodermis und Endodermis wird der Wassertransport gefördert. Das zentrale Leitbündel ist nicht nur für den Nähr-stoff- und Wassertransport wichtig, sondern wegen seiner Festigkeit und Haltbar-keit - sogar bei bereits abgestorbenen Wurzeln - auch für den festen Sitz der Pflan-zen an der Unterlage von Bedeutung. In der Regel zeigt die Bildung neuer Wurzel-triebe den Vegetationsbeginn bei den Orchideen an. Die Sproßtriebe bilden sich häufig erst später. Bei blattlosen Orchideenarten sind allein die Wurzeln für die ge-samte Nahrungsaufnahme, für die Atmung und die Assimilation verantwortlich.

Wurzelbildung
bei *Laelia anceps*

Wir pflegen Orchideen vor allem wegen ihrer wunderbaren Blüten. Gerade deshalb muß jeder Pfleger besonders auf die Wurzeln achten, denn sie sind das wichtigste Merkmal dafür, ob seine Pflegemethoden den Orchideen zusagen. Nur Pflanzen mit gesunden Wurzeln werden so wachsen, daß sie uns auch ihre Blüten zeigen. Orchi-deenwurzeln sind sehr empfindlich. Sie reagieren zuerst, wenn die Umweltbedin-gungen nicht zusagen, stellen ihr Wachstum ein oder sterben ab. Reichbewurzelte Pflanzen müssen also das Ziel eines jeden Pflegers sein.

Sproß

Sproßachse und Blätter bilden den Sproß. Abhängig vom vegetativen Aufbau des Sprosses unterscheiden wir
- symbodial wachsende Arten und
- monopodial wachsende Arten.
Sympodiale Pflanzen sind charakterisiert durch eine waagerechte (kriechende) Sproßachse, von der sich alternierend nach der Ausbildung meist mit Niederblättern besetzter Stengelglieder (Internodien) die Kurztriebe, für uns die eigentlichen Orchideenpflanzen, senkrecht emporstrecken. Diese Pflanzen haben meist ein oder zwei Blätter und endständige (akranthe) oder seitenständige (pleuranthe) Blütentriebe.

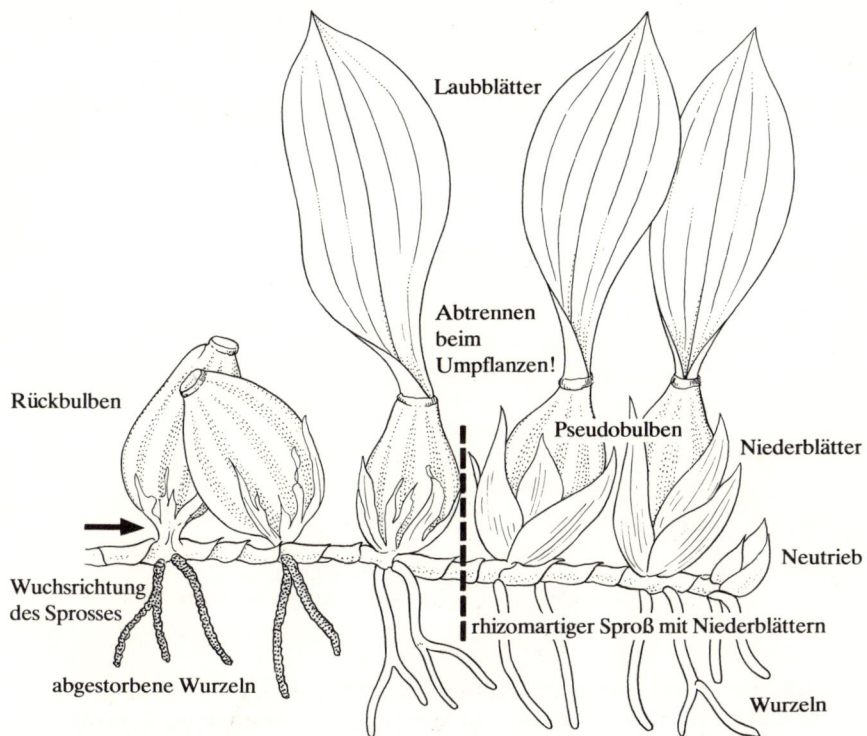

Sympodial wachsende Orchidee

Monopodiale Pflanzen haben eine senkrechte Sproßachse. Sie wachsen, ausgehend von ihrer Unterlage, ständig in dieser Richtung weiter. Der untere Teil kann im Laufe der Zeit langsam absterben. Nach der Ausbildung mehr oder weniger langer Internodien werden meist zweizeilig angeordnete Blätter gebildet, in deren Achseln die Blütentriebe entstehen. Diese Pflanzen tragen seitliche Blütenstände.

17

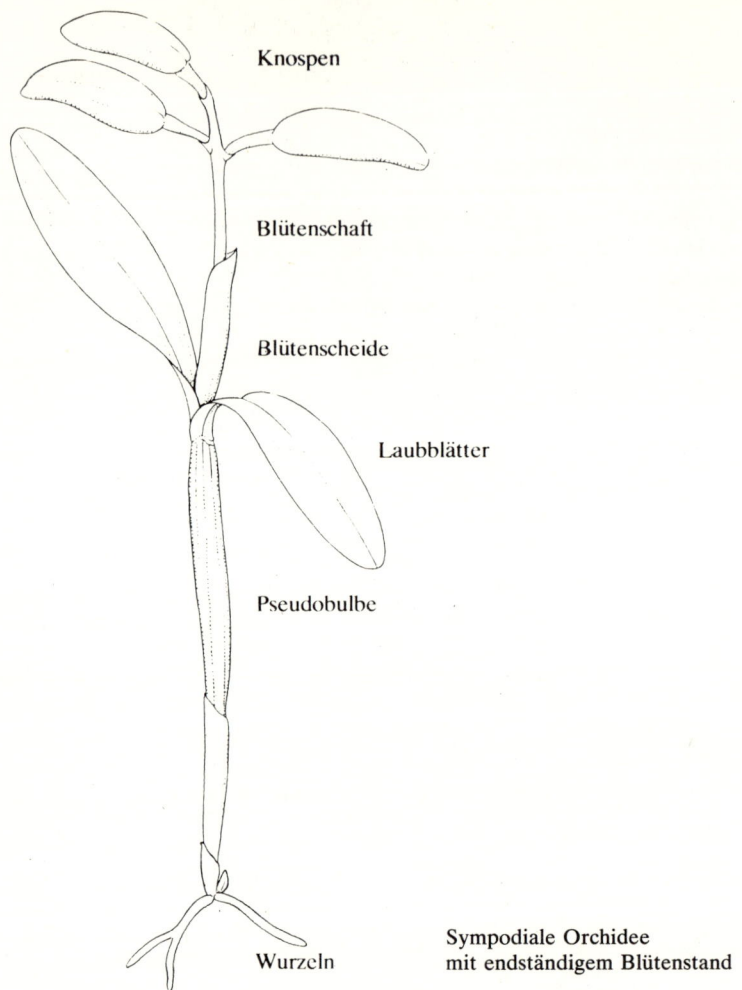

Knospen

Blütenschaft

Blütenscheide

Laubblätter

Pseudobulbe

Wurzeln

Sympodiale Orchidee
mit endständigem Blütenstand

Die Mehrzahl der tropischen und subtropischen Orchideen ist in der Lage, in den oberirdischen Teilen, den Blättern und Sprossen, Reservestoffe einzulagern. Die dadurch verdickten Sprosse sehen einer Zwiebel oder Knolle ähnlich und werden deshalb als Pseudobulben bezeichnet. Falsch ist die Bezeichnung Bulbe, die aber hin und wieder verwendet wird.

Blätter

Orchideenblätter sind sehr vielgestaltig. Wir kennen Pflanzen mit sehr großen, kräftigen Blättern, solche mit nur kleinen Blättern und sogar blattlose Arten. Einige Ar-

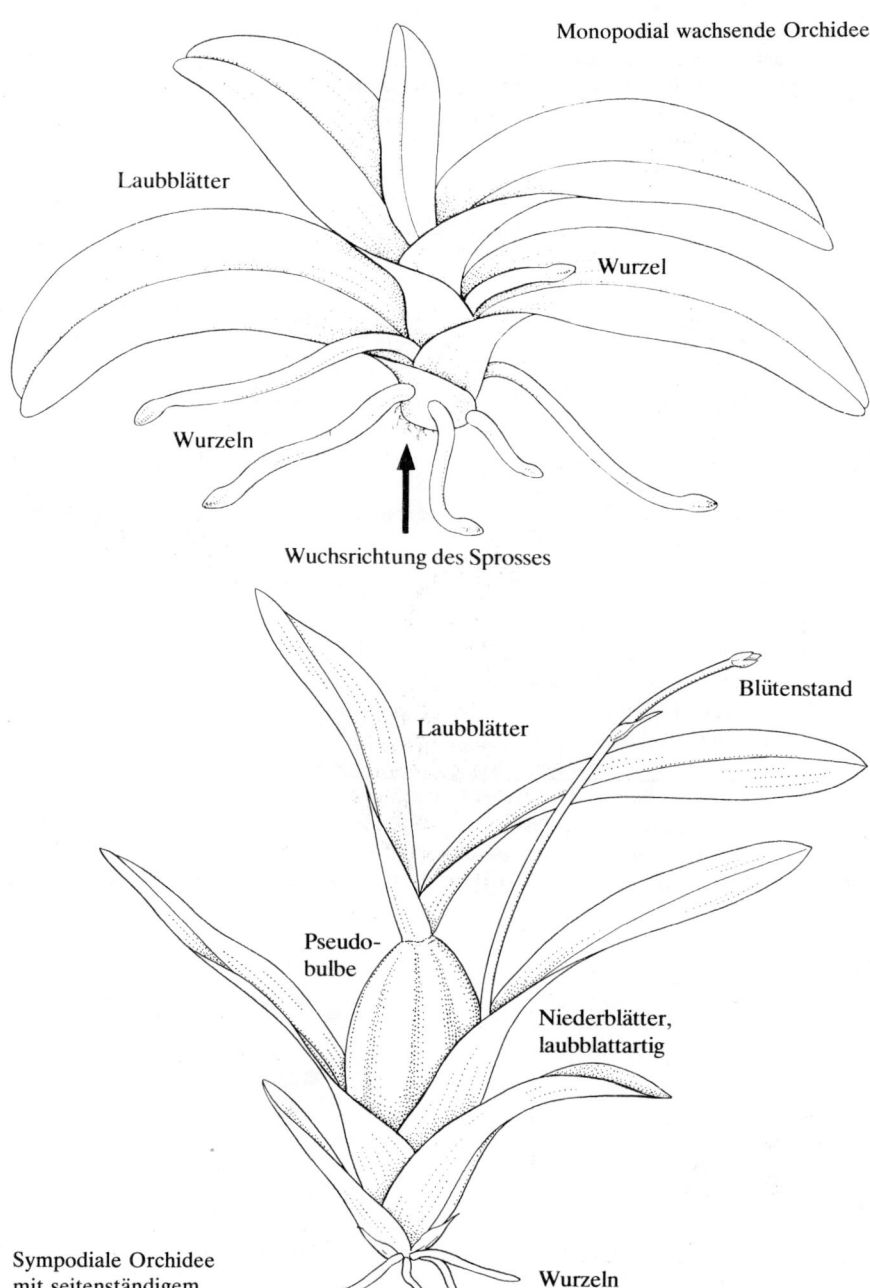

Monopodial wachsende Orchidee

Laubblätter

Wurzel

Wurzeln

Wuchsrichtung des Sprosses

Blütenstand

Laubblätter

Pseudo-
bulbe

Niederblätter,
laubblattartig

Symopodiale Orchidee
mit seitenständigem
Blütenstand

Wurzeln

19

ten werfen ihre Blätter nach der Triebperiode ab. Sie haben dünne, empfindliche Blätter, andere dagegen ausdauernde, kräftige. In der Anpassung an extrem trockene und sonnige Standorte werden von Orchideen auch dickfleischige sukkulente Blätter zur Speicherung von Feuchtigkeit ausgebildet. Zum Schutz gegen Verdunstung nehmen solche sukkulente Blätter auch stielrunde Formen mit verkleinerter Oberfläche an.

Die Farbe der meisten Blätter ist grün, wobci alle Schattierungen von hell- bis dunkelgrün vorkommen. Sie können zusätzlich marmoriert oder sogar rot überlaufen sein. Die wichtigsten Aufgaben der Blätter sind die Assimilation und die Atmung. Der dazu notwendige Gasaustausch wird durch Spaltöffnungen an der Unterseite der Blätter gewährleistet. Daneben kann auch ein großer Teil der Nährstoffe von den Blättern direkt aufgenommen werden. Deshalb kommt der sogenannten Blattdüngung bei Orchideen eine besondere Bedeutung zu.

Außer den eigentlichen Laubblättern bilden die Orchideen auch Niederblätter aus, die die Pseudobulben als mehr oder weniger schuppige Hüllen umgeben. Die Niederblätter können in Laubblätter übergehen oder sich schuppenartig am kriechenden Sproß befinden. Bei saprophytisch lebenden Orchideen sind die Blätter meist zu kleinen Schuppen zurückgebildet, da diese Pflanzen nicht mehr auf die normale Funktion der Blätter angewiesen sind.

Blütenstand

Die Blütenstände (Infloreszenzen) der Orchideen sind in der Regel blattlose oder mit Deckblättern besetzte Sprosse. Sie können ein- oder mehrblütig sein. Vom Grundaufbau her sind es meist Blütentrauben, die manchmal auf eine Blüte reduziert sind oder durch Verzweigung zu Blütenrispen werden können.

Die Einzelblüten stehen in den Achseln von Tragblättern (Brakteen).

Es ist sehr interessant, das Wachstum der Blütenstände zu beobachten. Zunächst entwickeln sie sich sehr langsam. Später wird ihr Längenwachstum stark beschleunigt. Sie strecken sich dann u.U. mehrere Zentimeter täglich, bis ihre Blüten aufgehen.

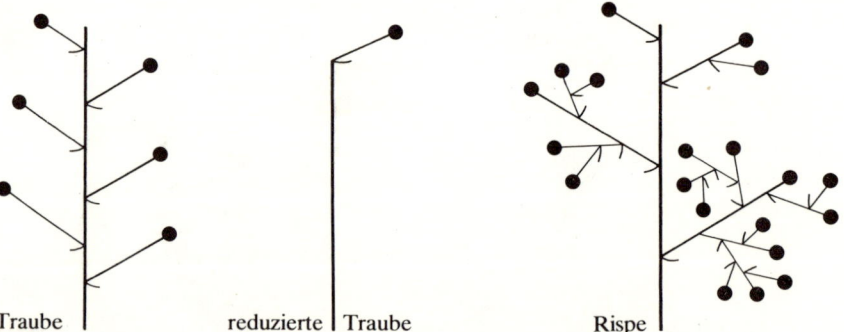

Traube   reduzierte Traube   Rispe

Die wichtigsten Blütenstandsformen bei Orchideen

20

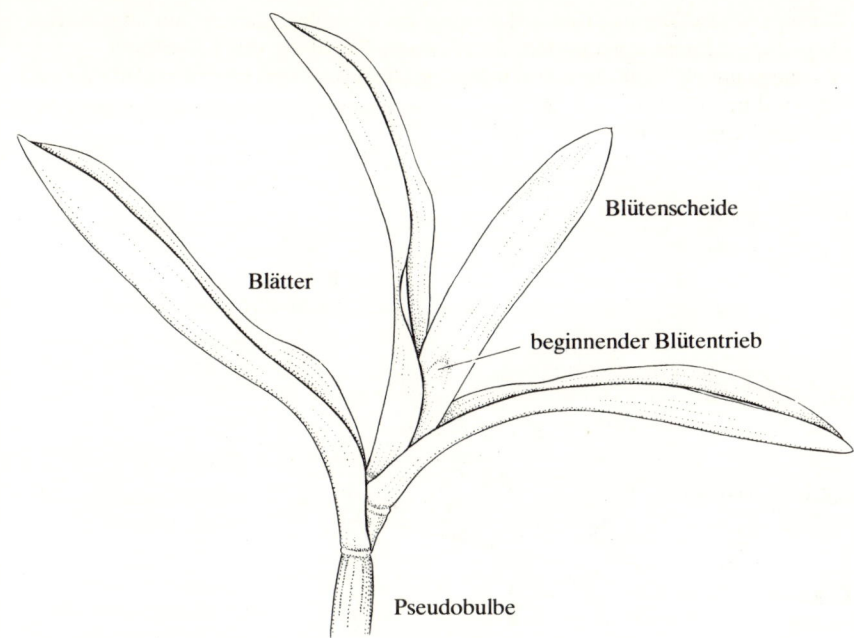

Blütenscheide

Blätter

beginnender Blütentrieb

Pseudobulbe

Beginnender Blütentrieb bei *Cattleya intermedia*

Blüten

In der Botanik ist der Bau der Blüte das wichtigste Unterscheidungsmerkmal zu anderen Pflanzenfamilien.

Die Orchideenblüte ist durch folgende Merkmale gekennzeichnet:

– dorsiventrale Blütensymmetrie, d. h., die Blüten haben nur eine Symmetrieebene und unterschiedliche Vorder- und Rückseiten;

– Reduzierung auf nur zwei bzw. ein Staubblatt, das mit dem Griffel zu einer Säule (Gynostemium) verwachsen ist; diese zur Säule zusammengewachsenen männlichen und weiblichen Blütenteile sind das charakteristischste Merkmal der Orchideen;

– der Pollen ist meist zu Pollenpaketen (Pollinien) zusammengefaßt; die gestielten, keulenförmigen Pollinien befinden sich in meist zwei Staubbeuteln hinter der Antherenkappe;

– einfache Blütenhülle, ohne Kelchblätter;

– sechs kronblattähnliche Perigonblätter (Blütenhüllblätter) sind um die Bestäubungseinrichtung in zwei Kreisen angeordnet, sie sind in Form und Farbe verschieden; die drei äußeren Blütenblätter (äußere Tepalen) werden in der Literatur auch als Sepalen bezeichnet; die drei inneren Blütenblätter sind zwei gleich-

21

förmige innere Tepalen (in der Literatur auch Petalen genannt) und das zu einer Honiglippe/Lippe umgebildete dritte innere Tepalum, das Labellum;
— der meist um 180° gedrehte Fruchtknoten (Resupination) übernimmt häufig auch die Funktion des Blütenstieles; werden Blütenstiele ausgebildet, sind sie meistens nur sehr kurz; auch der Blütenstiel kann die Resupination ausführen;

Paphiopedilum – Blüte

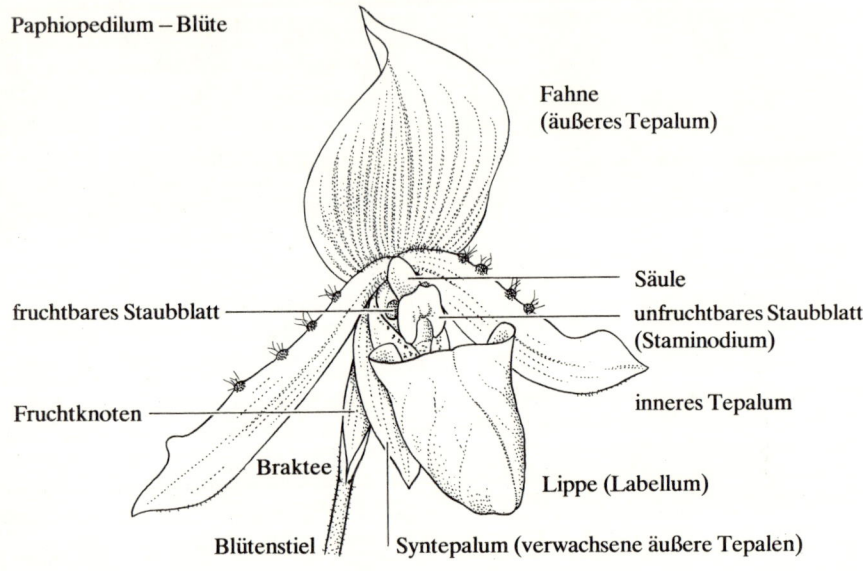

Fahne
(äußeres Tepalum)

Säule

fruchtbares Staubblatt

unfruchtbares Staubblatt
(Staminodium)

inneres Tepalum

Fruchtknoten

Braktee

Lippe (Labellum)

Blütenstiel

Syntepalum (verwachsene äußere Tepalen)

Phalaenopsis – Blüte

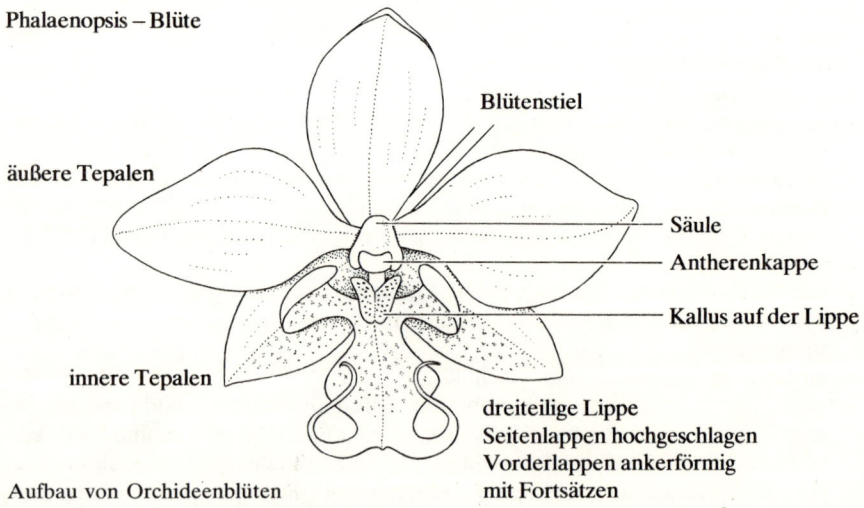

Blütenstiel

äußere Tepalen

Säule

Antherenkappe

Kallus auf der Lippe

innere Tepalen

dreiteilige Lippe
Seitenlappen hochgeschlagen
Vorderlappen ankerförmig
mit Fortsätzen

Aufbau von Orchideenblüten

– bei vielen Orchideen bildet die Lippe einen Sporn oder eine sack- oder knieähnliche Vertiefung aus, indem Teile dieses Blütenblattes mit der Säule verwachsen.
Diese Blütenmerkmale sind durch unterschiedliche Entwicklungsstadien oft verwischt oder nur undeutlich ausgebildet. So können Blütenblätter verwachsen sein, die Resupination des Fruchtknotens kann unterbleiben, die Lippen stehen dann noch oben. Das Labellum ist bei einigen Orchideen deutlich in den oberen breiteren Abschnitt, die Platte, und einen stielartigen, verkleinerten unteren Abschnitt, den Nagel, gegliedert. In diesem Fall spricht man von einer «genagelten Lippe».
Die Blüten vieler Orchideen sind auf bestimmte Bestäuber spezialisiert. Das ist an der charakteristischen Ausbildung einzelner Blütenmerkmale wie Behaarung, Duft, Länge des Sporns u.a. abzulesen. Ein wohl allgemein bekanntes Beispiel dafür sind die *Ophrys*-Arten unserer heimischen Flora, die entsprechend ihrer Lippenform Fliegen-, Spinnen-, Bienen- oder Hummelorchidee genannt werden. Fehlt dieser spezielle Bestäuber, so ist in der Natur der Fortbestand der Art gefährdet. In der Kultur kann der Mensch eingreifen. Als Bestäuber sind Insekten (z.B. Bienen, Wespen, Falter), aber auch Vögel (Kolibris) zu beobachten.
Bei der Bestäubung muß das hinter der Antherenkappe verborgene Pollinium einer Blüte auf die klebrige Narbe (unterhalb der Anthere gelegen) einer anderen Blüte übertragen werden. In der Natur werden die Pollinien mit ihrer Klebscheibe den die Blüten besuchenden Insekten angeheftet, die sie dann beim Besuch der nächsten

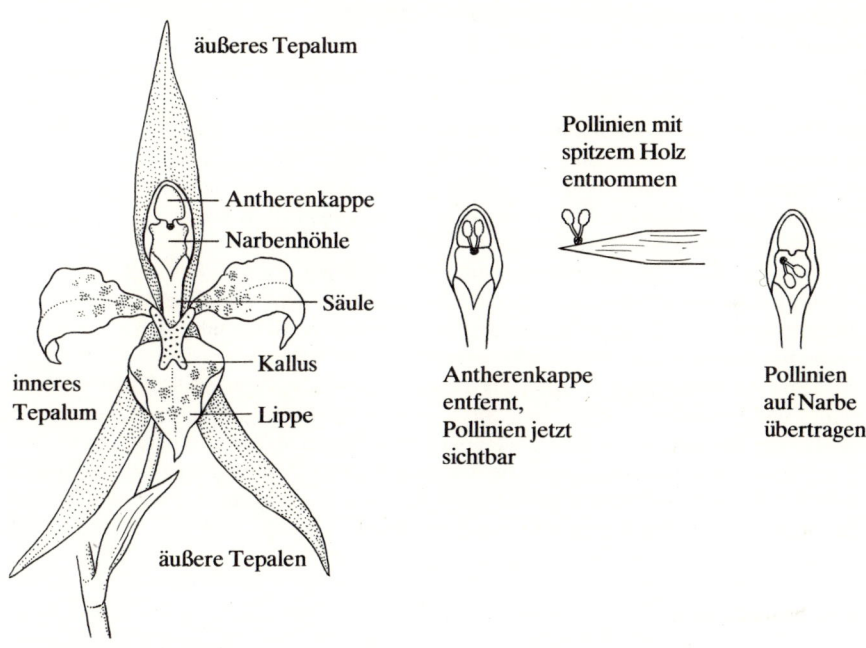

Die Bestäubung einer Blüte von *Odontoglossum maculatum*

23

Blüte auf deren Narbe bringen. Diesen Vorgang kann der Pfleger von Orchideen mit einem angespitzten Holzstäbchen nachahmen. Dabei sind die Pollen in die Nähe des Einganges zum Narbenkanal zu bringen. Der Narbenkanal beginnt im unteren Teil der Narbe und ist als eine strichförmige, verzweigte Vertiefung, den Narbenlappen, zu erkennen.

Für die Züchtung ist es wichtig, daß Pollen kühl und trocken längere Zeit aufbewahrt werden kann, ohne daß er seine Fähigkeit zur Befruchtung einbüßt. Man bringt ihn dazu am besten in einem Glas über Kalziumchlorid ($CaCl_2$) als Trockenmittel im Kühlschrank bei etwa 5° C unter. So kann der Züchter die Zeit bis zum Aufblühen einer geeigneten Mutterpflanze überbrücken.

Von der Bestäubung bis zur Befruchtung vergehen bei den Orchideen oft Wochen. Während dieser Zeit wachsen die Pollenschläuche in den Fruchtknoten zu den vorgebildeten Samenanlagen. Erst dann findet die Befruchtung statt. Einige Orchideenarten sind zur Selbstbefruchtung (Autogamie) fähig.

Sind Orchideenblüten verwelkt, fallen sie in der Regel ab. Anders ist es, wenn sie bestäubt worden sind. Dann hüllen die Blütenblätter häufig die Säule ein und vertrocknen nach und nach. Sie bleiben bis zur Samenreife an der Frucht.

Größe, Farbe und Haltbarkeit einer Blüte werden wesentlich von dem Entwicklungsstand und dem Standort der Pflanzen bestimmt. Erstmals blühende oder schwache Pflanzen entwickeln meist kleinere und weniger haltbare Blüten. Bei Lichtmangel sind die Blütenfarben verwischt oder blaß.

Wichtig ist es zu wissen, daß Knospen zum Aufblühen einen artspezifischen Lichtbedarf haben. Steht die benötigte Lichtmenge nicht zur Verfügung, so öffnen sich die Blüten nicht oder nur unvollständig, ihre Haltbarkeit und Farbintensität werden beeinträchtigt.

Der Literatur ist zu entnehmen, daß bestimmte Verunreinigungen der Luft die Knospen und Blüten schädigen. Es wurde z.B. nachgewiesen, daß Ethylen, das beim Reifeprozeß von gelagertem Obst entsteht, den Knospen der Orchideen schadet. Ähnlich ist anzunehmen, daß Stadtgas und Stadtgasdunst in Küchen den Knospen und Blüten gefährlich werden können.

Obwohl die Blüte das wichtigste botanische Merkmal ist, können sich die Orchideenblüten einer Art oft wesentlich voneinander unterscheiden. Es gibt dabei neben unterschiedlichen Größen vor allem Farbvarietäten und Formabweichungen. Derartige für die speziellen Pflanzen konstante, d.h. jährlich immer wieder auftretende, typische Abweichungen werden als Unterarten, Varietäten oder Formen abgetrennt und besonders beschrieben. Sie waren in der Vergangenheit wiederholt Anlaß für die Beschreibung gesonderter Arten. Bei einer späteren wissenschaftlichen Bearbeitung wurden entsprechende Korrekturen vorgenommen. Diese Vielgestaltigkeit einer Art finden wir nicht nur bei den tropischen und subtropischen Orchideen, sondern auch bei unseren heimischen Arten.

Frucht und Samen

Ist eine Orchideenblüte bestäubt worden, so welkt sie mehr oder weniger schnell, in manchen Fällen innerhalb weniger Stunden. Der Fruchtknoten, der die Samenan-

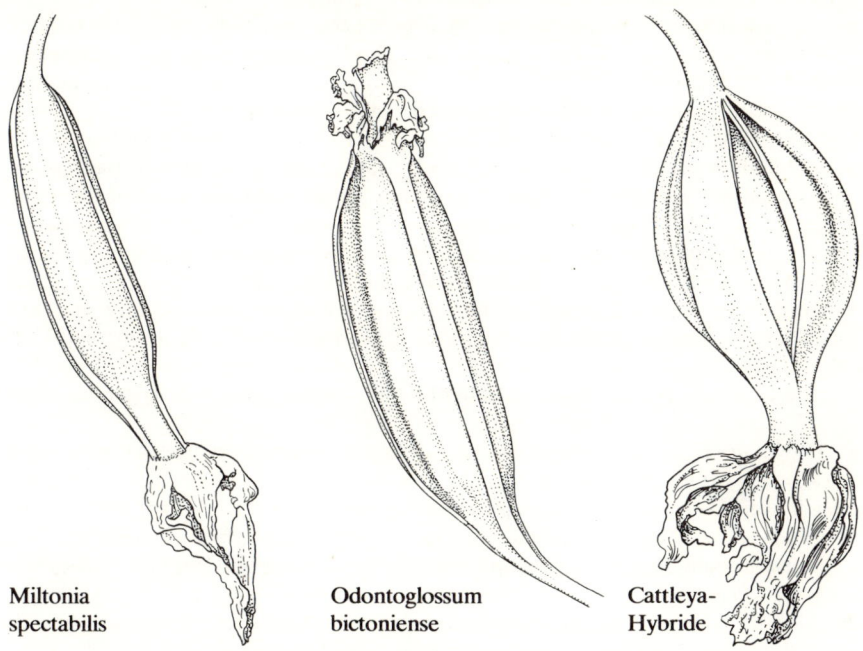

Miltonia
spectabilis

Odontoglossum
bictoniense

Cattleya-
Hybride

lage enthält, schwillt an. Die Blütenblätter werden entweder abgeworfen oder bleiben verwelkt haften und umhüllen vertrocknet die Anthere. Es bildet sich nach und nach eine meist dreikantige Kapsel.

Nach einer Wochen oder Monate, in Ausnahmefällen bis zu zwei Jahre dauernden Wachstums- und Reifezeit entläßt die Kapsel ihre Samen. Als besonderes Charakteristikum fehlt den Orchideensamen jegliches Nährgewebe. In der Natur ist deshalb das zufällige Zusammentreffen des Keimlings mit einem mehr oder weniger artspezifischen Wurzelpilz (Mykorrhiza) und die Symbiose mit ihm unabdingbare Voraussetzung für den Fortbestand der Orchideen.

Ohne die Nährstoffe, die der Pilz zur Verfügung stellt, wäre das Entstehen einer neuen Pflanze ausgeschlossen. Die Keime wachsen nur dann weiter, wenn sie mit dem für sie geeigneten Pilz zusammentreffen. Daraus erklärt sich die Seltenheit der Orchideen, obwohl eine Samenkapsel mehrere Millionen Samen enthalten kann. Heute ist es möglich, die Samenkeimung und das Wachstum der Sämlinge ohne Pilz auf einem Nährboden unter sterilen Bedingungen zu sichern. Damit sind die Züchter in der Lage, aus einer Samenkapsel eine große Zahl von Pflanzen heranzuziehen. Dies ist nicht nur für die Beschaffung neuer Pflanzen wichtig, sondern vor allem für die weitere Züchtung.

Die aus einer Samenkapsel gezogenen Pflanzen sind untereinander nicht gleich. Das gilt besonders für Hybriden. Durch Auslese besonderer Formen, die dann zur weiteren Züchtung verwendet werden, lassen sich bestimmte Züchtungsziele verwirklichen, z. B. bestimmte Farben, Formen oder Größen.

Wichtig ist, daß Orchideenpflanzen, die Früchte tragen, möglichst hell stehen und regelmäßig gedüngt und übersprüht werden. Die Entwicklung der Samenkapsel erfordert viel Kraft, die der Pflanze durch geeignete Pflegemaßnahmen zugeführt werden muß, wenn sie nicht zu sehr geschwächt werden soll.

Die Befruchtung einer Orchideenblüte und die volle Ausbildung keimfähiger Samen, d.h. die volle Reife von Samenkapseln, kann auch auf der Fensterbank gelingen. Damit hat auch ein Orchideenfreund mit seiner Fensterbrettkultur die Möglichkeit, zur Vermehrung und Erhaltung von Arten oder sogar zur Züchtung beizutragen. Sein Hobby erhält dadurch eine weitere wichtige und interessante Seite. Voraussetzung ist aber, daß er nicht nur über gesunde, kräftige Pflanzen, geeignete Pollenspender und viel Erfahrung im Umgang mit tropischen und subtropischen Orchideen verfügt, sondern auch einige Grundkenntnisse über Züchtung und Vererbung besitzt.

Für die Gewinnung von Samenkapseln und keimfähigen Samen ist folgendes wichtig:

1. Die Samenreife dauert bei tropischen und subtropischen Orchideen von wenigen Wochen bis zu zwei Jahren.
2. Die Reifedauer ist von Gattung zu Gattung und von Art zu Art verschieden. Sie hängt außerdem von der Art der Kreuzungspartner, ja selbst von Jahreszeit und Umweltbedingungen ab. Es empfiehlt sich, die einschlägige Literatur sehr genau auszuwerten.
3. Die Ernte der Samenkapseln ist nach etwa 4/5 der Reifedauer am günstigsten, da in dieser Zeit die Samenreife weitgehend abgeschlossen ist. Die Samenkapseln sind aber bei der Ernte noch geschlossen, und die Samen können bei der Aussaat steril entnommen werden. Man muß sie nicht gesondert desinfizieren.
4. Die Samenreife erkennt man im allgemeinen daran, daß sich die Samenkapseln schwach gelb färben oder bei leichtem Druck weich und elastisch anfühlen.
5. Die Termine von Bestäubung und Ernte der Samenkapseln sowie die Kreuzungspartner sind gewissenhaft zu notieren. Verwechslungen müssen ausgeschlossen werden.

Die Pflege und Kultur von Orchideen

Orchideen zu pflegen bedeutet, die Pflanzen so zu umsorgen, daß sie nicht nur wachsen, sondern alle Mühen mit reichem Blütenflor belohnen. Am besten wird dies dort gelingen, wo den Pflanzen solche Bedingungen geboten werden, wie sie den Gegebenheiten an ihren natürlichen Standorten weitgehend entsprechen.

Das Zusammenspiel der Wachstumsfaktoren

Bedingt durch die jahreszeitlichen Schwankungen von Temperatur, Feuchtigkeit und Licht, haben die Pflanzen einen biologischen Rhythmus entwickelt und sich dem Klima ihrer Heimatstandorte optimal angepaßt. Der Vegetationsbeginn, die Blüteninduktion und -entwicklung sowie die Ausbildung der Früchte folgen dem Rhythmus des heimatlichen Klimas. Infolgedessen müssen den Pflanzen ähnliche Bedingungen auch bei der Pflege geboten werden.
Orchideen brauchen nach der Wachstumsperiode eine mehr oder weniger lange Ruheperiode. Sie zeigt sich im Abschluß des Wachstums, dem Ausreifen der Pseudobulben und dem Einstellen jeglichen Wurzelwachstums. Einige Arten werfen in dieser Zeit das Laub ab. Viele Orchideen öffnen im Anschluß an die Wachstumsperiode die Blüten, andere benötigen zur Blütenbildung eine ausgeprägte Ruheperiode, in der die Temperaturen und die Feuchtigkeitszufuhr gesenkt werden müssen. Wird die Ruhezeit nicht eingehalten, beginnen die Pflanzen mit neuem Wachstum, bilden Neutriebe und blühen nicht (Thermoperiodismus).
In der Literatur unterscheidet man Langtags- und Kurztagspflanzen (Photoperiodismus). Danach brauchen bestimmte Orchideenarten zur Blüteninduktion eine Verringerung der täglichen Belichtungsdauer auf weniger als 12 Stunden. Tropische Orchideen sind an ihren heimatlichen Standorten an eine tägliche Belichtungsdauer von 12 Stunden angepaßt und deshalb als tagneutrale Pflanzen einzustufen. Bei Arten aus den Subtropen kann demgegenüber der Photoperiodismus wirksam werden. Jedoch müssen wir die unterschiedlichen Tageslängen, wie sie bei uns im Verlauf eines Jahres auftreten, und ihre Auswirkungen auf den Vegetationszyklus der Orchideen bei der Pflege beachten.
Interessant ist auch die Anpassung der Orchideen an Tagesrhythmen (diurnale Rhythmen). So sind z. B. Assimilation und Atmung von der Beleuchtung abhängig. Ein weiteres Beispiel ist der Duft, der von einigen Orchideenblüten nur zu bestimmten Tageszeiten entwickelt wird.
Die Zimmerpflege tropischer und subtropischer Orchideen ist keinesfalls leicht und problemlos. Oftmals fehlen die erforderliche Luftfeuchtigkeit oder die nötige Wärme, manchmal reicht das Licht nicht aus, oder die Frischluftzufuhr ist zu gering.

Wer Orchideen auf der Fensterbank pflegt, muß durch entsprechende Maßnahmen alle Wachstumsfaktoren zur richtigen Zeit in den für die Pflanzen richtigen Grenzen halten. Schwerpunkt soll dabei die Schaffung weitgehend konstanter Bedingungen sein.

Kurzzeitige Schwankungen werden von den Pflanzen überwunden, sie fördern sogar ihre Widerstandsfähigkeit. Hier kommen dem Pfleger das Wissen um die Erfordernisse und eine in vielen Jahren erworbene Erfahrung zu Hilfe.

Besonders kritisch ist die Sicherung aller erforderlichen Bedingungen in der lichtarmen Jahreszeit, in der neben dem Lichtmangel auch noch große Temperaturschwankungen zu überwinden sind. Dann muß mit besonderer Aufmerksamkeit gehandelt werden, damit die Orchideen diese kritische Zeit ohne Schaden überstehen. Viele Orchideen öffnen bei uns gerade dann ihre Blüten und brauchen dazu unsere Unterstützung.

Was brauchen Orchideen?

Berichten von Sammlern, Forschern und Kennern tropischer Länder kann man entnehmen, daß die Orchideen vor allem von Licht, Luft, Feuchtigkeit, Temperatur und der Zufuhr ausreichender Nährstoffe abhängig sind. Diese Faktoren müssen in einem ausgewogenen Verhältnis zusammenwirken, um das optimale Gedeihen, Blühen und auch Fruchten der Orchideen zu sichern. Der Lebensrhythmus der Pflanze ist vor allem lichtabhängig. Unter der Einwirkung des Lichtes baut die Pflanze ihre Substanz mit Hilfe der Photosynthese auf (Assimilation). Bei zu geringer Lichtzufuhr überwiegt die Atmung, die Pflanze baut Substanz ab. Das Wachsen der Pflanze ist nur dann gesichert, wenn die Assimilation gegenüber der Atmung überwiegt. Beide Vorgänge; sowohl die Photosynthese als auch die Atmung, sind von der Höhe der Temperatur und der Länge der Belichtungszeit abhängig. Sie sind bei höheren Temperaturen stärker als bei niedrigen und können durch die tägliche Belichtungszeit wesentlich beeinflußt werden.

Im folgenden Schema werden diese Zusammenhänge dargestellt.

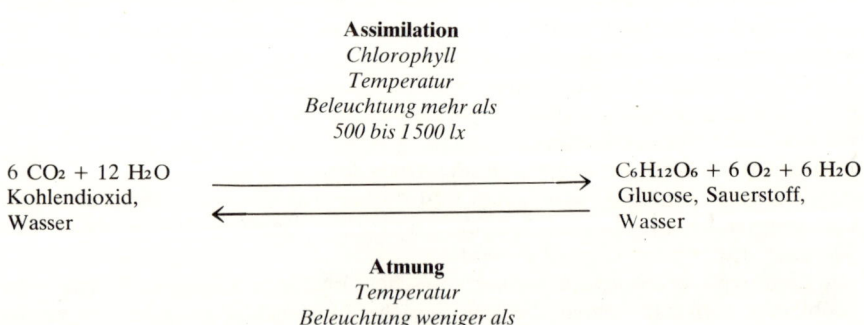

Assimilation
Chlorophyll
Temperatur
Beleuchtung mehr als
500 bis 1 500 lx

$6 CO_2 + 12 H_2O$ → $C_6H_{12}O_6 + 6 O_2 + 6 H_2O$
Kohlendioxid,   ←   Glucose, Sauerstoff,
Wasser   Wasser

Atmung
Temperatur
Beleuchtung weniger als
500 bis 1 500 lx

Für die Orchideenpflege ergeben sich daraus wichtige Anhaltspunkte, z. B.:
– Die Zufuhr von genügend Licht ist zu sichern.
– Je größer der Lichteinfall und je höher die Temperatur, um so größer muß das Angebot an Wasser, Luft (CO_2) und Nährstoffen sein.
– Nachts muß die Temperatur abgesenkt werden, um unnötige Atmungsverluste zu unterbinden.
– Die Triebzeit muß in der Zeit des größtmöglichen Lichteinfalles liegen, damit kräftige Pflanzen heranwachsen.
– Bei niedrigen Temperaturen ist die Zufuhr von Wasser zu drosseln, da das Wachstum eingestellt bzw. gehemmt wird. Die Pflanzen verbrauchen nur noch wenig Wasser.
– Je intensiver der Luftaustausch, um so höher ist der Wasserverbrauch.
– Sinkt die Beleuchtung unter einen Mindestwert, der für lichtliebende Arten bei 1 000 bis 1 500 lx, für schattenliebende Arten bei etwa 500 lx liegt, stellen die Pflanzen die Assimilation ein, und die Atmung führt zu Substanzabbau. Hohe Temperaturen und viel Feuchtigkeit können Lichtmangel nicht ausgleichen.
– Orchideen bilden bei Lichtmangel lange, schmale Blätter aus. Das Gewebe der Pflanzen ist insgesamt locker. Es werden nur wenige Reservestoffe gespeichert, die Pflanzen sind schwach und labil.
– Unter dem Einfluß von genügend Licht wird die Zellstreckung gehemmt, die Zellteilung aber gefördert. Es entstehen gedrungene, starke und feste Pflanzen mit reichlich Reservestoffen. Die Photosynthese erreicht bei einer bestimmten Beleuchtungsstärke einen Maximalwert, der bei weiterer Lichtzufuhr nicht mehr gesteigert werden kann.

W. Richter nennt folgende Grundfehler bei der Haltung und Pflege von Orchideen: «Zu viel Licht, zu hohe Temperatur, zu wenig Wasser führt zu Kümmerwuchs, Vertrocknen der Blätter und Bulben, Schädlingsbefall. Zu wenig Licht, zu hohe Temperatur, zu viel Wasser verweichlicht die Pflanzen; sie vergeilen, neigen zu Fäulnis und blühen nicht oder ungenügend. Zu niedrige Temperaturen bei zu hoher Feuchtigkeit schädigen die Wurzeln und damit die ganze Pflanze, was zu Totalschaden führen kann» (Richter, 1970).

Orchideen erfolgreich zu pflegen heißt, nähere Kenntnisse über die konkreten Umweltfaktoren und ihren Einfluß auf die Pflanzen zu erwerben und anzuwenden. Mit der Zeit gewinnt jeder Pfleger umfangreiche Erfahrungen, die von den spezifischen Bedingungen seines Kulturraumes und seiner Pflegemethoden herrühren. Andere Pfleger können sie nicht oder nur sehr selten einfach übernehmen, zumal außer den bereits genannten wichtigsten Einflußgrößen noch weitere Faktoren wie Pflanzstoff, Ernährung und Düngung, Kulturgefäße, Schädlingsbefall, Lichteinfall von Bedeutung sind. Wichtig ist natürlich auch, daß sich der Pfleger nicht nur auf sein Fingerspitzengefühl verläßt, sondern durch entsprechende Beobachtungen «weitergabefähige» Informationen zusammenträgt und so langjährige Erfahrungen speichert. Dann ist die Möglichkeit einer gründlichen Auswertung und Erfahrungsvermittlung gegeben.

In den folgenden Abschnitten sollen daher neben den Haupteinflußgrößen Temperatur, Licht, Luft und Feuchtigkeit auch die anderen Faktoren genauer betrachtet werden.

Temperatur und Wärme

Die Temperatur spielt als Wachstumsfaktor bei allen Pflanzen eine wesentliche Rolle. Alle biologischen Wachstumsvorgänge benötigen für ihren reibungslosen Ablauf eine bestimmte Wärmemenge. Der Wärmebedarf ist für jede Art unterschiedlich. Eine Pflanze baut ihre Substanz nur in einem bestimmten optimalen Temperaturbereich auf; er hat eine Mindest- und eine Höchstgrenze. Werden diese unter- oder überschritten, so stellt die Pflanze das Wachstum ein, und sie kann ernstlich geschädigt werden, z.B. durch Erfrieren oder Verbrennen. Im allgemeinen liegt die Höchstgrenze bei +45°C, die untere Grenze bei +5°C.

Es hat sich eingebürgert, die Orchideen entsprechend ihrem Wärmebedarf in Kalthauspflanzen, temperierte Pflanzen und Warmhauspflanzen einzuteilen. Diesen drei Gruppen sind zur groben Orientierung die Temperaturen entsprechend nachfolgender Tabelle zugeordnet (Angaben in °C):

	Bereich kalt	temperiert	warm
tags	12 bis 18	16 bis 22	20 bis 24
nachts	5 bis 12	12 bis 18	16 bis 20

Die unteren Temperaturen sind für die kälteren Jahreszeiten, die oberen für die wärmeren Monate zutreffend.

Anhand dieser Gruppen sind die für die Pfleglinge günstigsten Temperaturen zu ermitteln.

Die Temperaturdifferenzen sollten in der täglichen Pflege in möglichst engen Grenzen gehalten werden. Langjährige Erfahrungen besagen, daß Differenzen von mehr als 5 bis 10 K (Maßeinheit entspricht SI – Einheitentafel von 1977) tagsüber vor allem in der Zimmerkultur zu vermeiden sind. Bei starker Sonneneinstrahlung läßt sich das allerdings oftmals nicht realisieren.

Nachts sind die Temperaturen um etwa 5 bis 10 K abzusenken, damit eine überhöhte Atmung, die langfristig zu einer Schwächung der Pflanzen führt, unterbunden wird.

Ständig ungünstige Temperaturen, verbunden mit falschen Licht- und Feuchtigkeitsmengen, verursachen Blatt- und Wurzelschäden, in deren Folge sich Krankheiten, vorwiegend Pilzbefall, einstellen. Das zeigt sich an schwarzfleckigen oder schlaffen Blättern und abgestorbenen Wurzeln.

Zu beachten ist, daß eine Reihe von Orchideenarten zur Blüteninduktion und -ausbildung ausgeprägte Ruheperioden benötigen, die sich in einer deutlichen Temperaturabsenkung, verbunden mit einer Reduzierung der Feuchtigkeit, von der Wachstumsperiode unterscheiden. Diese Arten bilden nur dann Blüten, wenn die Temperatur während eines festen Zeitraumes einen bestimmten Wert nicht übersteigt. Oft sind ihre Blütentriebe auch sehr feuchtigkeitsempfindlich und faulen leicht aus.

Für die Fensterbankkultur sind solche Pflanzen auszuwählen, denen die Bedingungen am Fenster zusagen. Das sind in der Regel Orchideen, die in der Literatur als temperiert zu pflegende Arten bezeichnet werden. Auch solche Orchideen sind noch geeignet, die in der Wachstumsperiode warm zu pflegen sind und eine kühle Ruheperiode in den Wintermonaten brauchen, in der sie ihre Blüten ansetzen (Blüteninduktion). Orchideen aus dem Kalthausbereich sind nur dann für die Fensterbank geeignet, wenn für sie nur mäßig beheizte Räume (Veranden, Abstellräume, Schlafräume) zur Verfügung stehen.

Die Art der Raumheizung hat einen großen Einfluß auf die Kulturbedingungen am Fensterbrett.

Die beiden wichtigsten Beheizungsarten in unseren Wohnungen sind die Ofenheizung und die Zentralheizung.

Ofenheizung

In der Regel ist mit dieser Heizungsart keine konstante Zimmertemperatur zu halten, da in den meisten Fällen nicht kontinuierlich geheizt wird. Die Pflanzen am Fenster müssen also größere Temperaturdifferenzen verkraften. Tagsüber liegen die Temperaturen im Zimmer zwischen 18 und 23°C. Nachts können sie auf 12 bis 15°C absinken. Wird vor allem abends geheizt, steigen die Temperaturen erst in einer Zeit an, in der das Tageslicht in den Wintermonaten für die Assimilation bereits fehlt.

An den Fenstern ist mit Temperaturen zu rechnen, die noch unter den Zimmertemperaturen liegen. Die Isolierfähigkeit der Fenster und die Art der Abdichtung sind für die Größe des Temperaturabfalls ausschlaggebend.

Eine direkte Einwirkung der Wärmestrahlen auf die Pflanzen am Fenster ist nicht zu erwarten, da die Öfen in der Regel nicht in Fensternähe stehen.

Zentralheizung

Bei dieser Art der Beheizung, die Gasheizung und Beheizung mit Nachtspeicheröfen einschließt, ist die Temperatur in den Räumen relativ konstant und unterliegt keinen wesentlichen Schwankungen. Es besteht aber die Gefahr, daß die Pflanzen der direkten Wärmestrahlung ausgesetzt sind, da die Heizkörper meist in Fensternähe oder sogar unter den Fenstern angebracht sind. In den Abend- und Nachtstunden ist mit keiner wesentlichen Temperaturabsenkung zu rechnen, da in den Abendstunden meist geheizt wird. Die Pflanzen in unmittelbarer Nähe der Heizkörper sind an sonnigen Tagen durch die Möglichkeit der Überhitzung besonders gefährdet. Darüber hinaus trocknen die Pflanzen sehr schnell aus, da die Luftfeuchtigkeit beim Heizen sehr stark absinkt. Hier muß durch überlegte Maßnahmen für eine Wärmedämmung und für ein den Pflanzen zuträgliches Temperaturregime gesorgt werden. Gleichzeitig ist für die entsprechende Luftfeuchtigkeit zu sorgen.

Die Temperaturen an den Fenstern werden auch maßgeblich von der Intensität der Sonneneinstrahlung beeinflußt. An Süd- und Westfenstern ist mit starker Sonneneinstrahlung und damit auch mit einer zusätzlichen großen Wärmeeinwirkung auf die Pflanzen zu rechnen. Bei ungehindertem Einfall des Sonnenlichts heizen sich die Pflanzen leicht auf. Die Temperaturen im Blatt- und auch im Wurzelbereich können bis auf 40 und 45 °C steigen und damit die Grenzen der Zuträglichkeit erreichen. Das gilt auch für die Wintermonate. Da in solchen Fällen die Luftfeuchtigkeit und die Ballenfeuchtigkeit stark reduziert werden, treten Schäden an den Orchideen auf. Hier hilft nur eine wirksame Schattierung oder der Wechsel an einen Standort an einem anderen Fenster mit geeigneten Bedingungen.

Die Pflege von Orchideen auf der Fensterbank verlangt großes Augenmerk für die Einhaltung und Gewährleistung günstiger Temperaturen. Durch Abdeckungen, verbreiterte Fensterbänke, Frischluftzufuhr und entsprechende Isolierungen können oftmals die geforderten Pflegebedingungen erreicht werden.

Licht

Jede Pflanze benötigt zur Aufrechterhaltung ihrer Lebensvorgänge Energie. Bedeutendster Energiespender in der Natur ist das Licht. Zur Sicherung der Assimilation, zum Stoffaufbau brauchen alle Pflanzenarten bestimmte Lichtmengen über eine bestimmte Zeitdauer hinweg.

Unter den Orchideen gibt es Arten, die einen hohen Lichtbedarf haben, aber auch solche, die mit weniger Licht auskommen. Das wird mit den Begriffen «lichtliebende Arten» oder «schattenliebende Arten» zum Ausdruck gebracht.

In den tropischen Ländern beträgt die Beleuchtungsdauer etwa 12 Stunden täglich. Im Gegensatz dazu kann in unseren gemäßigten Breiten nicht mit solch einer konstanten Beleuchtungsdauer gerechnet werden. Sie beträgt im Sommer bis zu 14 Stunden, im Winter dagegen nur etwa 8 Stunden.

Die Assimilation setzt bei lichtliebenden Pflanzen erst bei einer Beleuchtungsstärke von 1 000 bis 1 500 lx, bei schattenliebenden Pflanzen bei etwa 500 lx ein. Das Wachstum, und damit der Substanzaufbau, erfordert jedoch wesentlich höhere Beleuchtungsstärken. Ganz allgemein hat man bei der Pflege zu beachten, daß lichtliebende Arten 20 000 bis 50 000 lx und schattenliebende Arten 5 000 bis 10 000 lx über einen Zeitraum von 12 bis 16 Stunden täglich benötigen. Bei der Aufzucht von Jungpflanzen wird eine tägliche Beleuchtungsdauer von etwa 20 Stunden empfohlen. Sonnenlicht wird von den Pflanzen am besten aufgenommen. Biologisch ist der auch für das menschliche Auge wahrnehmbare Spektralbereich zwischen 380 nm und 780 nm am wirksamsten.

Dunst- und Rauchschichten (Umweltverschmutzung) können die Wirkung des Sonnenlichtes beeinträchtigen. Deshalb sind Gegenden ohne Luftverschmutzung besonders günstig für die Orchideenpflege.

Bei Bedarf ist für eine Zusatzbeleuchtung zu sorgen, die bei der Zimmerkultur nicht nur zweckmäßig sein muß, sondern sich auch noch in die gesamte Wohnraumbeleuchtung einzuordnen hat. Geeignet sind Leuchtstofflampen, wie z.B. Lumoflor-Lampen, mini-spot-Lampen (Halogenstrahler), die eine dekorative Beleuchtung blühender Pflanzen gestatten, und Quecksilberdampflampen. Bei jeder künstlichen Lichtquelle weicht die spektrale Zusammensetzung von der des Sonnenlichtes ab, die Wirksamkeit ist in jedem Falle geringer. Um überhaupt wirksam werden zu können, müssen künstliche Lichtquellen hohe Anteile Rot, Orange und Blau, Violett aufweisen. Es ist also immer günstig, die Orchideen bei der Zimmerkultur unmittelbar am Fenster unterzubringen, damit sie das Sonnenlicht voll ausnutzen können.

Man bewahre die Pflanzen aber stets vor einer zu großen Wärmeeinwirkung, um Schäden zu vermeiden. Zu intensive Sonneneinstrahlung kann nicht nur zu örtlichen Verbrennungen, sondern bei zu hohem Temperaturanstieg zum Zusammenbruch des Wasserhaushaltes der Pflanzen führen. Als erstes Anzeichen von zuviel Licht vergilben die Blätter.

Ein Nachteil der Fensterbankkultur ist der seitliche Einfall des Sonnenlichtes. Die Pflanzen streben dem Licht entgegen und werden dann unnatürlich schief, unansehnlich und auch unhandlich. Deshalb sind sie während der Bildung der Neu- und Blütentriebe regelmäßig zu drehen, um diesem Krummwachsen entgegenzuwirken. Bei der Anordnung der Pflanzen im Zimmer hat man die Lichtverhältnisse unbedingt zu berücksichtigen.

Die stärkste Lichteinstrahlung ist an Südfenstern zu erwarten.

Nach Osten und Westen gerichtete Fenster erhalten direkte Sonneneinstrahlung nur zu Zeiten, wenn die Sonne noch oder schon wieder tiefer steht und nicht so stark wirkt. Nordfenster können hell sein, erhalten aber nie direktes Sonnenlicht. Sind Balkone vor den Fenstern, wird der Lichteinfall abgeschwächt, auch an Südfenstern. Weiterhin muß man beachten, daß die Beleuchtungsstärke mit zunehmender Entfernung vom Fenster stark abnimmt. Jedem Orchideenfreund ist zu empfehlen, die Beleuchtungsstärke am Standort zu messen. Geeignet dazu sind entsprechende Lichtmesser (Lux-Meter), die jedoch nicht jedem zur Verfügung stehen. Aber auch mit einem fotoelektrischen Belichtungsmesser ist die Bestimmung der Beleuchtungsstärke möglich, wenn man nach der Methode der Lichtmessung verfährt. Ausgehend von den Vorschriften für die Kalibrierung von Belichtungsmessern läßt sich die Beleuchtungsstärke annähernd ermitteln.

Nachfolgende Tabelle gilt für eine eingestellte Filmempfindlichkeit von 21° DIN/100 ASA.

Anzeige des Belichtungsmessers		Beleuchtungsstärke
Blendenwert bei Belichtungszeit		lx (Näherungswerte)
1/60 s	1/30 s	
2	2,8	600
2,8	4	1 200
4	5,6	2 500
5,6	8	5 000
8	11	10 000
11	16	20 000
16	22	40 000
22	32	80 000

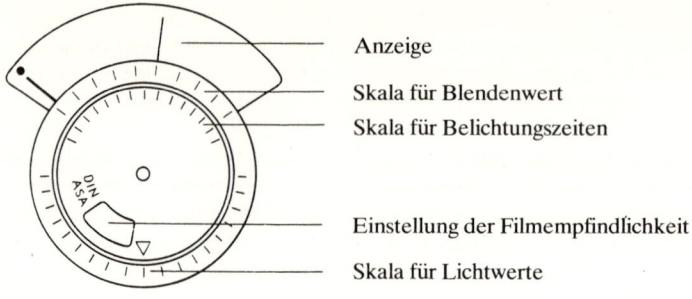

Anzeige

Skala für Blendenwert

Skala für Belichtungszeiten

Einstellung der Filmempfindlichkeit

Skala für Lichtwerte

Schema eines Belichtungsmessers

So kann jeder feststellen, welche Beleuchtungsstärke seinen Pflanzen am konkreten Standort zur Verfügung steht, und einschätzen, ob diese Plätze den Orchideen günstige Bedingungen bieten.

Die Pflanzen reagieren auf Licht im Verlaufe eines Jahres unterschiedlich. Nach den lichtarmen Wintermonaten sind sie gegen direktes Sonnenlicht besonders empfindlich, die Blätter verbrennen sehr schnell. Das bedeutet, daß etwa ab Februar/März die direkte Sonneneinstrahlung verhindert werden muß. Es muß schattiert werden. Nach dem Abschluß der Wachstumsperiode ist der Lichteinfall auf die Pflanzen zu erhöhen, damit die Pseudobulben gut ausreifen können und die Knospenbildung gefördert wird. Dazu sollte etwa ab Oktober/November jeder Sonnenstrahl die Pflanzen ungehindert erreichen können. Alle Einrichtungen zum Schattieren oder zum Dämpfen des Sonnenlichtes sind zu entfernen.

Die Wirkung des Lichtes erkennt man nicht nur am Habitus der Pflanze. Bei zu wenig Licht öffnen sich die Blüten nicht vollständig, die Blütenfarbe bleibt blaß und verwaschen, die Blütenstiele werden nicht kräftig genug, um die Blüte aufrecht zu halten.

Luft

In der Luft sind die für die Pflanze lebenswichtigen Gase Sauerstoff (O_2), Kohlendioxid (CO_2) und Stickstoff (N_2) enthalten. Die meisten Orchideen benötigen nicht nur an den Blättern und Pseudobulben, sondern auch an den Wurzeln viel Frischluft. Das resultiert aus ihrer Lebensweise als Epiphyten (Aufsitzer) auf Bäumen und bemoosten Felsen. Stehende Luft kann zur Verarmung an Sauerstoff oder Kohlendioxid in Pflanzennähe führen, der Substanzaufbau wird dann behindert.

Mit der Frischluft werden für alle Pflanzenteile die erforderlichen Voraussetzungen für die Assimilation und die Atmung geschaffen; sie führt die gasförmigen Nährstoffe in ausreichenden Mengen heran. Besonders wichtig ist Frischluft an den Wurzeln, um diese vor stauender Nässe und Fäulnis zu bewahren. Die gute Pflege von Orchideen erfordert einen regelmäßigen Luftaustausch und viel Frischluft, vor allem bei Lichteinstrahlung, an allen Pflanzenteilen. Zu beachten sind dabei die Hinweise zu den Temperaturansprüchen der Pflanzen. Ständige Zugluft ist zu vermeiden. Ein kurzzeitiges Lüften vertragen die Pflanzen auch an Wintertagen ohne Schaden, wenn eine Unterkühlung verhindert wird.

Mit der Erhöhung des CO_2-Gehaltes der Luft, etwa durch brennende Kerzen, kann für zusätzliche Nährstoffzufuhr gesorgt werden. Das geht in Wohnungen natürlich nur in den engen Grenzen, die durch die Sorge um unser Wohlbefinden gesetzt sind. In der Natur decken die Orchideen ihren Stickstoffbedarf auch aus der Luft. Der Stickstoff der Luft kann durch den Blitzschlag tropischer Gewitter in Ammoniak (NH_3) umgewandelt werden. In dieser Form kann ihn die Pflanze aufnehmen.

Gießen der Orchideen – Feuchtigkeit richtig dosiert

Alles Leben auf unserer Erde ist an Wasser gebunden. Auch jede Pflanze braucht Wasser, damit sie leben kann. In der Natur ist die Zufuhr reinen Wassers nicht möglich, viele organische oder anorganische Verbindungen sind darin gelöst. Sie werden von den Pflanzen aufgenommen und verwertet. Die gelösten Stoffe dürfen jedoch eine für die Pflanze zuträgliche Konzentration nicht überschreiten, und es dürfen keine solchen Stoffe sein, die die Pflanze nicht verträgt, sonst treten Schädigungen auf. Nicht jedes Wasser ist zur Orchideenpflege geeignet. Die Wasserqualität spielt eine wesentliche Rolle. Sie wird durch den pH-Wert (Maß für die Säurekonzentration), die Wasserhärte und den Gehalt an gelösten Gasen und Substanzen bestimmt.

Das Wasser für die Orchideen soll möglichst sauerstoffhaltig sein, weil damit der Abbau des Pflanzstoffes gefördert, entsprechende Nährstoffe freigesetzt sowie Assimilation und Atmung unterstützt werden. Wasser kann den Orchideen durch Gießen, aber auch als Luftfeuchtigkeit zugeführt werden. Beides muß in einem ausgewogenen Verhältnis zueinander stehen und auf die weiteren Pflegebedingungen, wie z. B. die Temperatur, die Art des Pflanzstoffes, den Standort (Himmelsrichtung des Fensters), die Größe und den aktuellen Zustand der Pflanze (Triebperiode oder Ruheperiode), abgestimmt sein.

Orchideen benötigen im Verlauf eines Jahres unterschiedliche Feuchtigkeitsmengen. In der Wachstumsperiode wird eine stete und ausreichende Feuchtigkeitszufuhr an allen Pflanzenteilen, nicht nur an den Wurzeln, sondern auch an den Blättern gebraucht.

In der Regel ist eine relative Luftfeuchtigkeit von 50 bis 70 % anzustreben. Sie ist nicht nur den Pflanzen zuträglich, sondern fördert auch das Wohlbefinden und die Behaglichkeit der Menschen in den Räumen.

In der Ruhezeit kann und soll die Feuchtigkeitszufuhr abgesenkt werden, doch dürfen Pseudobulben und Blätter nicht schrumpfen. Insgesamt ist für ein ausgewogenes Feuchtigkeitsverhältnis zwischen der Blattregion (Luftfeuchtigkeit) und der Wurzelregion (Ballenfeuchtigkeit) zu sorgen. Zu hohe Ballenfeuchtigkeit bei zu geringer Luftfeuchtigkeit muß über einen längeren Zeitraum vermieden werden. Sind die Pflanzen ständig naß, so bleiben die Wurzeln zu kalt (Verdunstungskälte) und sterben schließlich ab. Deshalb ist stehende Nässe grundsätzlich zu vermeiden. Alle Pflanzenteile müssen nach dem Befeuchten in wenigen Stunden abgetrocknet sein. Das wird durch entsprechenden Luftaustausch erreicht. Nicht abgetrocknete Pflanzen können durch die in der Nacht eintretende Temperaturabsenkung und die Erhöhung der Luftfeuchtigkeit Schäden erleiden. Neutriebe sind besonders empfindlich. Ihre zusammengerollten Blätter bilden oft enge Trichter; wenn sich darin Wasser sammelt, können innerhalb weniger Stunden Faulstellen entstehen, die meist zum Verlust des Neutriebes und im Wiederholungsfall zum Verlust der Pflanze führen.

Je niedriger die Temperatur ist, um so vorsichtiger muß mit Gießwasser umgegangen werden. Je höher die Temperatur ist, desto größer können auch die Wassergaben sein. Orchideen vertragen ein Zuwenig an Wasser besser als ein Zuviel. Bewährt hat sich in der täglichen Pflege ein regelmäßiges Befeuchten der Blätter, vor allem auch der Blattunterseiten.

Bei der Fensterbankkultur ist die Einhaltung einer ausreichenden Luftfeuchtigkeit problematisch. Das gilt besonders für moderne fernbeheizte Wohnungen.

In den Zimmern kann die relative Luftfeuchtigkeit schnell auf 25 bis 35 % absinken, vor allem wenn die Sonne ungehindert einstrahlt und außerdem noch geheizt wird. Nur bei längeren Regenperioden steigt sie auf 50 bis 70 % an.

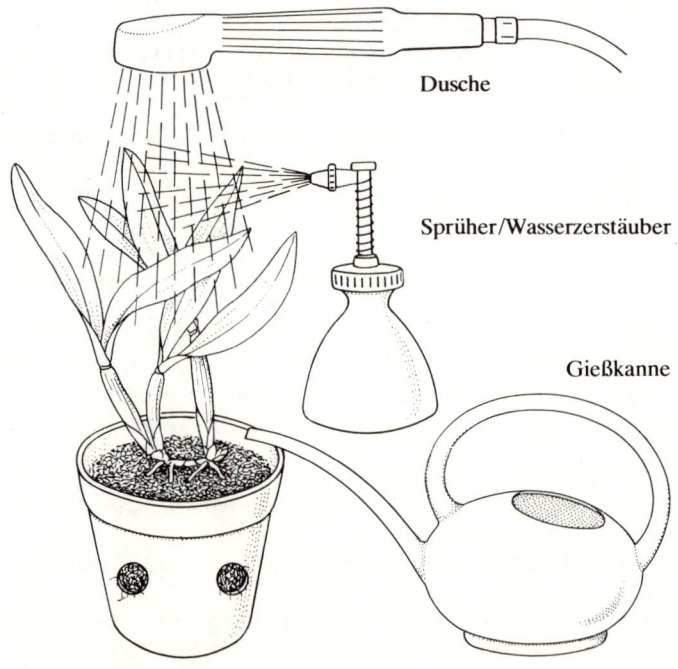

Dusche

Sprüher/Wasserzerstäuber

Gießkanne

Methoden der Befeuchtung von Orchideen

Die für Orchideen erforderliche Luftfeuchtigkeit kann durch folgende Maßnahmen erreicht werden:
– tägliches Übersprühen oder Überbrausen der Pflanzen,
– regelmäßiges Tauchen der Pflanzen,
– enges Anordnen der Pflanzen auf der Fensterbank (Mikroklima) und Unterstellen von Wasserschalen,
– Luftbefeuchtung mit Wasserverdunstern.
Je mehr Pflanzen in einem Raum untergebracht und gepflegt, also auch gegossen werden, um so einfacher läßt sich eine höhere Luftfeuchtigkeit erzielen. Unbedingt zu fordern ist eine gute Wasserqualität. Hartes, kalkhaltiges oder verunreinigtes Wasser ist für die Orchideenpflege ungeeignet. Auch das chlorhaltige Wasser aus der Wasserleitung vieler Städte ist den Orchideen nicht zuträglich. Hier hilft Regenwasser, das aber nicht durch verunreinigte Großstadtluft verschmutzt sein darf, sauberes Fluß- oder Bachwasser, Quellwasser (kalkhaltige Quellen meiden!) oder sogar destilliertes bzw. entionisiertes Wasser. Die Verwendung von destilliertem Wasser als Spritzwasser für die tägliche Pflege kann gerade bei der Zimmerkultur empfohlen werden, da sich beim Verdunsten des Wassers keine Salzreste an den Blättern oder Fensterscheiben absetzen. Die Pflanzen vertragen diese Behandlung aber nur dann ohne Schädigung, wenn durch zusätzliche Pflegemaßnahmen für eine ausreichende Nährstoffzufuhr gesorgt wird.
Zum Gießen, Sprühen, Überbrausen oder Tauchen der Pflanzen ist unbedingt nur Wasser zu verwenden, dessen Temperatur der Zimmertemperatur angeglichen ist. Auf keinen Fall darf das Wasser, vor allem nicht in den Wintermonaten, direkt aus der Leitung auf die Pflanzen gebracht werden. Die plötzliche Abkühlung kann zu Schäden führen. Ebenso ist das zu schnelle Abkühlen von Pflanzen, die der direkten Sonneneinstrahlung ausgesetzt waren, zu vermeiden.
In den Sommermonaten kann den Orchideen in den Wohnräumen die erforderliche relativ hohe Luftfeuchtigkeit meist leichter geboten werden als während der Heizperiode. Mit deren Beginn sinkt die Luftfeuchtigkeit in den Wohnräumen sehr stark ab. Fernbeheizte Wohnungen sind besonders kritisch, wenn in dieser Zeit auch noch die Sonne ungehindert einstrahlt und so zusätzlich zu Feuchtigkeitsverlusten führt. Dann muß durch geeignete Maßnahmen dem überhöhten Wasserbedarf der Pflanzen Rechnung getragen werden, z.B. durch mehrmaliges Übersprühen an einem Tag. Sind trotzdem Pflanzen trocken geworden, hilft nur das Tauchen der ganzen Pflanze einschließlich des Pflanzgefäßes. Das Gießen der ausgetrockneten Pflanzen ist wenig wirkungsvoll, da das Wasser nahezu ungehindert abläuft und den Pflanzstoff kaum benetzt. Das Tauchen ist die intensivste Art der Wasserzufuhr. Ihm folgen mit abnehmender Wirksamkeit das Überbrausen, dann das Sprühen und zum Schluß das Gießen.
Zu trockene Zimmerluft führt ebenso wie andere falsche Umweltbedingungen, die Wachstumsstockungen verursachen, zum sogenannten Knitterwuchs der Neutriebe, da bei ungenügender Feuchtigkeit die Entfaltung der Blätter und Neutriebe gehemmt wird (neue Blätter kleben z.B. an Niederblättern fest). Abhilfe bringt die Erhöhung der Luftfeuchtigkeit durch Sprühen oder Überbrausen der Blätter und Triebe. In ihrer tropischen bzw. subtropischen Heimat sind viele Orchideenarten täglich kurzen, ergiebigen Regengüssen ausgesetzt, denen im Tagesverlauf trockenere

Perioden folgen, in denen die Pflanzen insgesamt abtrocknen. Solche Bedingungen lassen sich durch Tauchen oder Überbrausen nachahmen. Die Orchideen vertragen eine derartige Behandlung sehr gut. Es muß jedoch gesichert sein, daß sie rasch abtrocknen, vor allem im Neutrieb- und Wurzelbereich. Bei der Zimmerkultur kann diese Bedingung meist erfüllt werden.

Während der Wachstumsperiode sollte zwei- bis dreimal wöchentlich überbraust oder getaucht werden. In der kühleren Ruhezeit dagegen reichen ein- bis zweimal innerhalb von 14 Tagen aus. Vorsicht bei feuchtigkeitsempfindlichen Blütentrieben, besonders aber Neutrieben!

Eine unter Orchideenfreunden viel diskutierte Frage ist die nach dem richtigen Zeitpunkt des Gießens. Hier sollte man davon ausgehen, daß in den tropischen Ländern nachts die Temperatur absinkt und die Pflanzen mit dem am Morgen reichlich fallenden Tau ihren Wasserbedarf decken. Deshalb wird empfohlen, dies durch Sprühen und Gießen in den kühleren Morgenstunden nachzuahmen. Bei der Zimmerkultur wird aber in den meisten Fällen die Hauptpflegezeit im Anschluß an die tägliche Arbeitszeit, also in den späten Nachmittagsstunden, liegen. Es bekommt den Orchideen sehr gut, wenn sie zu dieser Zeit getaucht und besprüht werden. Bis zu den Nachtstunden sind sie dann wieder weitgehend abgetrocknet. Diese Pflegemethode läßt sich durch gelegentliches Übersprühen in den Morgenstunden ergänzen. Reiseberichten aus tropischen Ländern ist zu entnehmen, daß ein solches Verfahren durchaus den natürlichen Bedingungen entspricht, sind in den Tropen doch kurze, ergiebige Regengüsse in den Nachmittagsstunden keine Seltenheit.

Pflanzstoff, Ernährung und Düngung

Orchideen sind erstaunlich genügsam, trotzdem muß für ein ausreichendes Nährstoffangebot gesorgt werden. Dazu ist neben der richtigen Wahl des Pflanzstoffes die Düngung mit Volldüngern in regelmäßigen Abständen, besonders während der Wachstumsperiode, erforderlich. Bewährt hat sich dabei, die gesamte Pflanze mit dem Pflanzgefäß und mit allen oberirdischen Teilen, dem Sproß samt Blättern, in eine schwache Volldüngerlösung zu tauchen. Als Volldünger stehen verschiedene Arten von Hydrodüngern zur Verfügung. Es ist darauf zu achten, daß der Pflanze alle erforderlichen Nährstoffe zugeführt werden, einschließlich der Spurenelemente, deren Fehlen nicht nur den Wuchs, sondern auch die Blühfähigkeit erheblich beeinträchtigt. Ebenso wie bei anderen Pflanzen fördert Stickstoff (N) das Wachstum der Triebe, Phosphor (P) die Blütenbildung, und Kalium (K) sowie Kalzium (Ca) kräftigen die Pflanzen insgesamt. Nur gut ernährte, kräftige Pflanzen blühen.

Das Überdüngen ist jedoch zu vermeiden, da es zu erheblichen Schäden an der Pflanze führen kann. So wird z. B. die Haltbarkeit der Blüten herabgesetzt, Wurzeln sterben ab, Blätter werden an den Spitzen braun oder schwarz, viele Neutriebe bilden sich zur gleichen Zeit.

Beim Düngen ist unbedingt dafür zu sorgen, daß sich keine Salzreste auf den Blättern ablagern, da sie die Photosynthese mindern oder sogar ganz unterbinden. Als günstigste Konzentration für Volldünger hat sich 0,5 bis 1,0 g pro 1 l Lösung erwiesen. In der Triebzeit wird der Dünger in zwei- bis dreiwöchigen Abständen verabreicht, bevorzugt durch Tauchen der gesamten Pflanze. In der Zeit zwischen den Düngergaben sorgen das Übersprühen und Tauchen für das Aus- und Abwaschen überschüssiger Düngermengen.

In der einschlägigen Fachliteratur werden auch organische Dünger empfohlen. In Frage kommen dabei Hornspäne, die unter den Pflanzstoff gemischt werden und beim Verrotten Nährstoffe abgeben. Auch mit vergorener Kuhjauche oder verflüssigtem Taubenmist kann gegossen werden. Ob man jedoch solche Mittel in der Wohnung anwendet, sei jedem selbst überlassen. Gut geeignet ist das Wasser aus Aquarien, wenn es nicht zu sehr verunreinigt ist und nicht zu Geruchsbelästigungen führt. Es gibt auch Orchideenfreunde, die ihre Pflanzen mit Kaffeesatz und Teeresten oder Kräuterpräparaten gießen und gute Erfolge erzielen.

Düngung ist jedoch nur dann sinnvoll, wenn die Pflanze die Nährstoffe auch aufnehmen kann. Sie benötigt dazu in erster Linie gut entwickelte Wurzeln, insbesondere intakte Wurzelspitzen, und in zweiter Linie ein kräftiges, gut entwickeltes Blattwerk. Jede künstliche Düngung hinterläßt Salzreste an Blättern, Wurzeln und im Pflanzstoff, die angesammelt bald Schäden an der Pflanze hervorrufen. Das bedeutet, daß dem Düngen immer eine Zeitlang die Behandlung mit sauberem Wasser (destilliertes Wasser, Regenwasser, entionisiertes Wasser) folgen muß.

Die Literatur gibt viele Hinweise auf mögliche Pflanzstoffe und deren Zusammensetzung; auch die Fragen der Beschaffung und des Preises spielen dabei eine große Rolle. Der Pflanzstoff muß

— den festen Sitz der Pflanzen im Pflanzgefäß gewährleisten,
— luftdurchlässig und locker sein,
— seine Struktur über einen möglichst langen Zeitraum beibehalten,
— Wasser speichern, aber auch schnell abtrocknen können,
— nicht zu schnell verrotten,
— keine schädlichen Stoffe absondern oder speichern,
— die Nährstoffzufuhr zu den Pflanzen sichern,
— leicht beschaffbar sein.

Bewährt hat sich ein selbstgemischter Pflanzstoff aus
— Buchenlaub (zerschnitten bzw. zerrieben),
— Sumpfmoos (verschiedene *Sphagnum*-Arten, zerschnitten),
— Farnwurzeln (nicht nur importierte *Osmunda*-Wurzeln, sondern auch gewaschene und zerschnittene Wurzeln einheimischer Wald- bzw. Moorfarne sind sehr gut geeignet; Naturschutz beachten!),
— Kiefernrinde (zerschnitten oder zerstoßen),
— Holzkohle (zerkleinert),
— Schaumpolystyrolflocken,
— Kunststoffborsten oder -flocken,
— Korkstücke oder Nußschalen,
— Torf, grobfaserig,
— Rasenerde,
— Sand (gewaschen, ohne Lehmanteile).

Die Anteile der einzelnen Bestandteile am Gemisch richten sich nach dem Bedarf der jeweiligen Orchideenart, dem Alter der Pflanzen und nach den Pflegebedingungen (z. B. Wasserzufuhr, Düngung). Dem Pflanzstoff für terrestrische Orchideen wird meist ein größerer Anteil an Torf, Rasenerde oder Sand zugemischt.

Für Jungpflanzen sollte der feuchtigkeitsbindende Anteil (z.B. Sumpfmoos, Torf) erhöht werden. Für ältere Pflanzen sind höhere Zusätze an Kiefernrinde und Farnwurzeln erforderlich. Der Pflanzstoff darf nicht zu schnell verrotten, da sich erdige Bestandteile schnell zusammenballen und einen zu hohen Feuchtigkeitsgehalt verursachen, der den Wurzeln schadet. Hier muß jeder seine praktischen Erfahrungen sammeln.

Pflanzgefäße – vom Tontopf bis zum Block

Pflanzgefäße müssen so groß gewählt werden, daß die Wurzeln das Gefäß nach Abschluß des Wachstums gut ausfüllen. In zu großen Pflanzgefäßen wird viel Wasser gebunden. Der Pflanzstoff trocknet nur langsam ab. Die ständige Feuchtigkeit und die damit verbundene Verdunstungskälte schaden den Wurzeln.

Abzugslöcher im Boden und Öffnungen in den Seitenwänden der Pflanzgefäße versorgen die Pflanze im Wurzelbereich mit Frischluft und leiten überschüssiges Wasser ab.

Vorbereitetes Pflanzgefäß

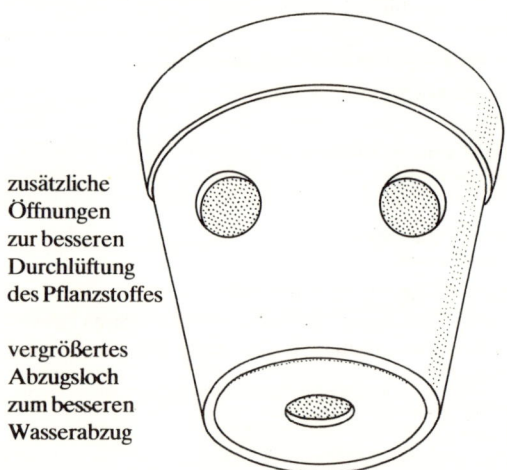

zusätzliche
Öffnungen
zur besseren
Durchlüftung
des Pflanzstoffes

vergrößertes
Abzugsloch
zum besseren
Wasserabzug

Vor dem Einpflanzen ist z. B. durch eine Lage Tonscherben, die etwa das untere Drittel des Pflanzgefäßes ausfüllt, für eine gute Dränage im Gefäß zu sorgen. So wird beim Aufstellen in Wasserschalen stauende Nässe an den Wurzeln verhindert, und überschüssiges Gießwasser kann aus dem Wurzelbereich ungehindert ablaufen. Geeignet sind Töpfe und Schalen aus Ton oder Kunststoffen. Sehr gute Erfahrungen wurden in der Zimmerkultur mit Pflanzgefäßen aus Schaumpolystyrol gemacht. Die Wurzeln schmiegen sich eng an die Gefäßwände an und kühlen beim Verdunsten des Wassers nicht so sehr aus wie in Tontöpfen.

Die Verwendung der in der Orchideenpflege üblichen Lattenkörbe setzt eine gleichmäßig hohe Feuchtigkeitszufuhr oder Luftfeuchtigkeit voraus, da die Pflanzen sonst zu schnell austrocknen. Deshalb sind sie als Pflanzgefäße für die Zimmerkultur nur dann zu empfehlen, wenn der damit verbundene höhere Pflegeaufwand gesichert werden kann.

Hydrokultur

In der Literatur wird die Hydrokultur auch für Orchideen empfohlen. Dabei wird eines der üblichen Substrate verwendet und mit mehr oder weniger großem Aufwand für den Anstau der Nährlösung in der richtigen Höhe gesorgt.

Gute Erfahrungen wurden auch gemacht, wenn als Substrat der für epiphytische Orchideen übliche Pflanzstoff verwendet wird und die Nährlösung gerade bis an das Pflanzgefäß (Einsatz) heranreicht. Die Orchideen schicken dann ihre Wurzeln bis in die Nährlösung hinein, und sie halten entgegen allen Regeln in der Nährlösung lange aus, ohne abzusterben.

Dabei soll ein regelmäßiges Übersprühen der oberen Pflanzenteile (Blätter) nicht vergessen werden, um Staubteilchen abzuwaschen und die Luftfeuchtigkeit zu erhöhen. Der Vorteil dieser Kulturmethode ist, daß die Feuchtigkeit im Pflanzgefäß lange erhalten bleibt, alle überschüssige Nässe aber abläuft.

Orchideen, die so gepflegt werden, überdauern auch pflegearme Perioden, wie z. B. die Urlaubszeit, sehr gut.

Hydrokultur erfordert jedoch, daß die Pflanzen bei sehr gleichmäßigen Zimmertemperaturen gehalten werden und die Nachtabsenkung nur gering ist. Sie dürfen keinesfalls unterkühlt werden.

Blockkultur

Wer Orchideen auf der Fensterbank pflegt, wird sehr schnell merken, daß manche Arten nicht zufriedenstellend wachsen. Neue Wurzeln sterben nach kurzer Zeit ab, die Pflanzen kümmern und bekommen im Topf keinen Halt. Solche Orchideen haben meist sehr licht- und lufthungrige Wurzeln. Für sie bietet sich die Blockkultur an. Die Kultur tropischer und subtropischer Orchideen am Block, d.h. auf Rinden- oder Aststücken, mit nur wenig Pflanzstoff befestigt, ist in Gewächshäusern und Pflanzenvitrinen bisher mit guten Ergebnissen praktiziert worden.

Viele Orchideenfreunde sind der Meinung, daß diese Kulturmethode im Zimmer nicht möglich ist. Die naturnahe und attraktive Anordnung der Pflanzen auf einem Stück Rinde, Kork, einem Aststück oder einem Farnwurzelstock mit sehr wenig Pflanzstoff birgt natürlich die Gefahr in sich, daß sie nur ungenügend ernährt werden und unter Zimmerbedingungen zu schnell austrocknen. Die Erfahrung zeigt aber, daß Blockkultur auch am Fensterbrett mit Erfolg möglich ist, wenn der Pfleger genügend Erfahrung im Umgang mit Orchideen hat.

Vor allem kleinbleibende Arten sind gut zu pflegen, wenn die Blockkulturen zusammen mit anderen Orchideen am Fenster untergebracht werden. Damit wird für eine höhere Luftfeuchtigkeit gesorgt, die den Pflanzen am Block zusagt.

Bei der Blockkultur ist natürlich ein größerer Pflegeaufwand notwendig, besonders durch das tägliche Übersprühen oder Überbrausen der Pflanzen zur Sicherung einer ausreichenden Feuchtigkeitszufuhr und durch Düngen. Es empfiehlt sich, die Pflanzen in regelmäßigen Abständen fünf bis zehn Minuten lang in eine Volldüngerlösung zu tauchen. Dabei saugen sich nicht nur die Pflanzen, sondern auch die Ast- oder Rindenstücke mit Nährstoffen voll, so daß bei den nachfolgenden Feuchtigkeitsgaben auch diese Nährstoffe für die Pflanze zugänglich werden. Bei der Befestigung der Pflanzen ist darauf zu achten, daß sie nicht beschädigt werden. Es sind solche Hilfsmittel zu verwenden, die auch spätere Schäden ausschließen (z.B. niemals Kupferdraht ohne Schutzlack einsetzen). Gut geeignet sind Angelschnüre aus Kunststoff oder Bastschnur.

Auf die Eignung einzelner Arten für die Blockkultur im Zimmer wird im speziellen Teil hingewiesen.

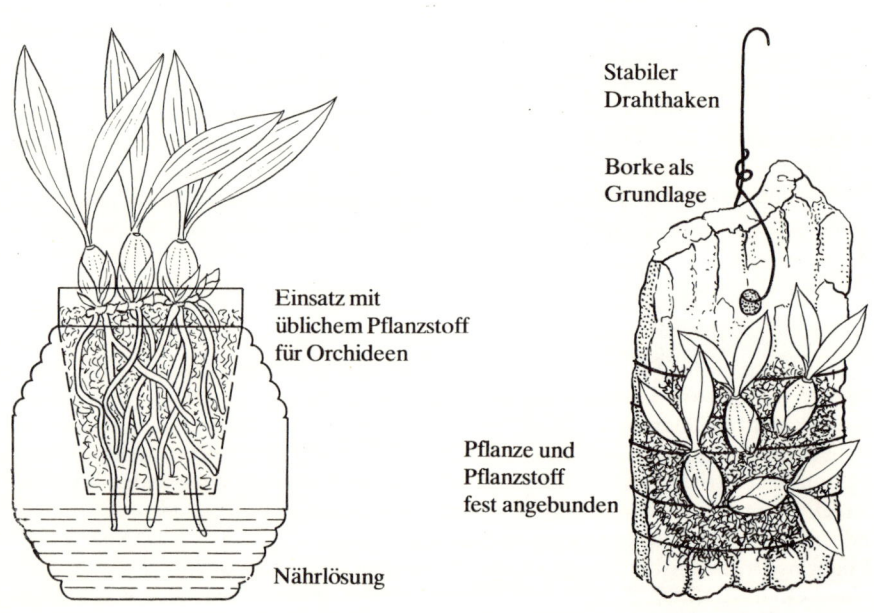

Einsatz mit üblichem Pflanzstoff für Orchideen

Nährlösung

Stabiler Drahthaken

Borke als Grundlage

Pflanze und Pflanzstoff fest angebunden

Hydrokultur und Blockkultur von Orchideen

Umpflanzen

Orchideen sollen nach Möglichkeit längere Zeit ungestört wachsen. Das Umpflanzen ist ein erheblicher Eingriff in das Leben der Pflanze, da sie im täglichen Rhythmus gestört und auf jeden Fall beschädigt wird (z.B. im Wurzelbereich), auch wenn man sehr sorgsam vorgeht. Orchideen dürfen deshalb nur dann umgepflanzt werden, wenn es unumgänglich ist.

Gründe für das Umpflanzen können sein:

- der Pflanzstoff ist verrottet, die Luftzufuhr im Wurzelbereich ist be- oder verhindert, der Wassergehalt wird dadurch zu groß; dieser Zustand wird durch zunehmenden Modergeruch angezeigt;
- die Pflanze füllt das Pflanzgefäß vollkommen aus, der Neutrieb droht, über den Rand zu wachsen;
- die Pflanzen sind zu groß und zu umfangreich, sie sind zu unhandlich geworden oder nehmen zuviel Raum ein;
- im Pflanzstoff hat sich Ungeziefer eingenistet.

Die günstigste Zeit für das Umpflanzen ist dann, wenn die Wurzeln neu zu wachsen beginnen. Dieser Zeitpunkt liegt für die einzelnen Pflanzen unterschiedlich und kann zusätzlich durch Standortbedingungen und Kulturzustand beeinflußt sein. Bei der Pflege im Zimmer kann wohl auf jede Pflanze individuell eingegangen werden, bei großen Sammlungen ist das nur noch bedingt möglich. Hier wird nach sogenannten Arbeitskalendern vorgegangen, in denen die wichtigsten Pflegemaßnahmen und damit auch das Umpflanzen für bestimmte Monate vorgesehen sind.

Beim Umpflanzen sind die Pflanzen vorsichtig aus dem alten Pflanzgefäß zu lösen, ohne die Wurzeln mehr als unumgänglich zu beschädigen. Dazu empfiehlt sich ein vorhergehendes Tauchen, da sich die vollgesogenen Wurzeln leichter von der Unterlage lösen lassen. In der Regel ist das Pflanzgefäß mit Wurzeln voll ausgefüllt, die sehr fest an seinen Wänden haften können. Es ist manchmal besser, das Pflanzgefäß zu zerstören, als zu viele Wurzeln zu beschädigen.

Dann sind die Wurzeln vom verrotteten Pflanzstoff zu befreien, alte abgestorbene Wurzeln werden abgetrennt und nicht mehr erforderliche oder abgefaulte bzw. eingetrocknete Pseudobulben entfernt. Große Pflanzen sind zu teilen und zu verkleinern. Die Teilung muß so erfolgen, daß ein möglichst ungeschwächtes Weiterwachsen des Neutriebes gesichert wird. Das ist der Fall, wenn wenigstens zwei bis vier Pseudobulben am Teilstück vor dem Neutrieb verbleiben, von denen mindestens zwei noch Blätter haben sollten.

Beim Verpflanzen und Teilen ist zu berücksichtigen, daß Orchideen um so üppiger wachsen und blühen, je größer die Pflanze ist. Große, lange Zeit ungeteilte Pflanzen mit vielen Pseudobulben vertragen kurzzeitige Perioden mit ungünstigen Pflegebedingungen leichter, sie sind widerstandsfähiger.

Wenn solche Pflanzen mit mehreren Blütentrieben gleichzeitig blühen, ist es ein unvergeßliches Erlebnis. Es sind wahre Schaupflanzen, die aber auch einen wesentlich größeren Platzbedarf haben. Zu häufiges Teilen schwächt die Pflanzen, sie kümmern und blühen kaum. Deshalb ist es besser, die Pflanzen nach dem Entfernen alter, bereits abgestorbener Pseudobulben und Wurzeln und des verbrauchten Pflanzstoffes in ein entsprechend größeres Pflanzgefäß mit neuem Pflanzstoff einzubetten.

So bleiben die Pflanzen ungestört und danken es bei nachfolgender richtiger Pflege mit reichem Blütenflor. Beim Einpflanzen werden monopodiale Pflanzen in die Mitte des Pflanzgefäßes gesetzt. Sympodiale Pflanzen werden so angeordnet, daß der Neutrieb in der Mitte und die älteste Pseudobulbe am Rand des Pflanzgefäßes stehen.

Beim Umpflanzen sind nur saubere Pflanzgefäße zu benutzen. Müssen alte, gebrauchte Pflanzgefäße wiederverwendet werden, sind sie gründlich zu reinigen und möglichst auszukochen oder zu dämpfen, um Krankheiten und Schädlinge nicht zu übertragen.

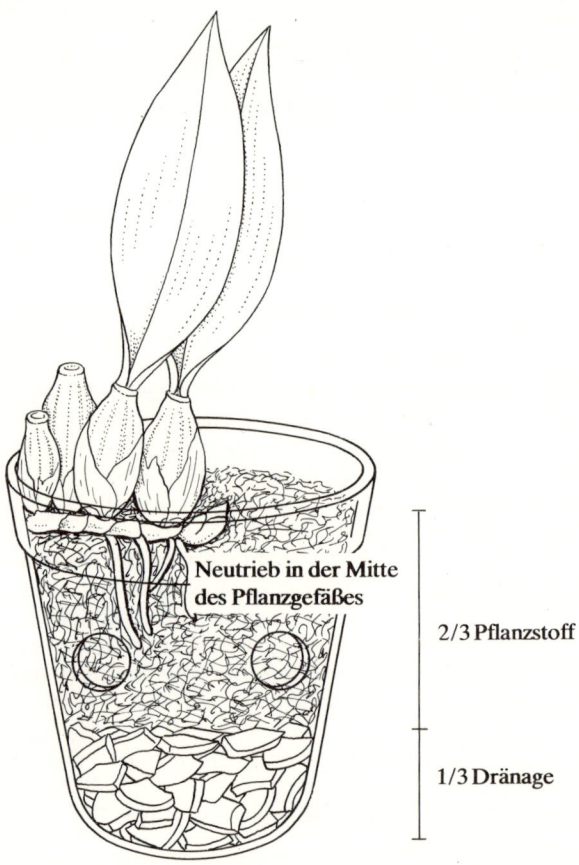

Neutrieb in der Mitte des Pflanzgefäßes

2/3 Pflanzstoff

1/3 Dränage

Pflanzschema bei Orchideen mit sympodialem Wuchs

Die Vermehrung von Orchideen

Vegetative Vermehrung

Die vegetative Vermehrung ist jedem Orchideenpfleger möglich. Sie besteht in erster Linie in der Teilung starker, mehrtriebiger Pflanzen oder in der Bildung neuer Pflanzen aus älteren Pflanzentrieben. Dazu werden die beim Umpflanzen abgetrennten älteren Pseudobulben, die sogenannten Rückbulben, in neuen Pflanzstoff eingebettet. Neben dem Haupttrieb legen Orchideen noch Reservetriebe, sogenannte schlafende Knospen, an, die dann aktiviert werden, wenn der Haupttrieb geschädigt wird. Das macht man sich beim Einpflanzen der Rückbulben zunutze. Ist noch genügend Kraft in den Rückbulben, bilden sich bei geeigneten Bedingungen bald Neutriebe. Sie kommen vorwiegend am Grund der Pseudobulben, aber auch oben an den Blattansätzen hervor.

Die Entwicklung neuer Pflanzen aus den Rückbulben kann gefördert werden, wenn sie in einem mit angefeuchtetem Sumpfmoos (*Sphagnum*) ausgelegten Kunststoffbeutel an einer warmen und vor allem hellen Stelle untergebracht werden. Im Beutel entstehen Atmosphäre und Bedingungen eines Kleingewächshauses. Der Austrieb der neuen Pflanzen geht in einem solchen Kulturgefäß ohne wesentliche äußere Störung vonstatten. Sobald die Neutriebe Wurzeln gebildet haben, werden sie vorsichtig, und ohne sie zu beschädigen in ein passendes Kulturgefäß eingesetzt. Es ist ein solcher Pflanzstoff zu wählen, der schon bei der Ausgangspflanze erfolgreich erprobt worden ist. Die Pflanzgefäße können dann bis zur völligen Einwurzelung in dem Kunststoffbeutel belassen werden. So erhält man Jungpflanzen, deren Größe wesentlich von den in den Rückbulben noch vorhandenen Kräften abhängig ist. Bei relativ kleinen Neutrieben dauert es unter Zimmerbedingungen oftmals mehrere Jahre, bis daraus blühfähige Pflanzen herangewachsen sind.

Haben sich an einer Pflanze gleichzeitig mehrere Neutriebe gebildet, so können durch Teilung ebenfalls neue Pflanzen gewonnen werden. In solchen Fällen ist darauf zu achten, daß die einzelnen Teilstücke aus genügend Pseudobulben (mindestens drei, davon zwei beblättert) bestehen. Das gilt für sympodiale Pflanzen.

Monopodiale Pflanzen sind in der Regel zu vereinzeln. Sie zeigen das beim Umpflanzen meist von selbst an.

Bei manchen Orchideenarten ist es möglich, Rückbulben, die aus mehreren kurzen Internodien bestehen (sogenannte homoplastische Pseudobulben), in Stücke zu schneiden und daraus Neutriebe zu gewinnen. Andere Orchideenarten besitzen die Fähigkeit, Blütentriebe umzubilden und daraus Jungpflanzen zu entwickeln (Adventivbildung).

Bei der vegetativen Vermehrung können stets nur relativ wenige neue Pflanzen gezogen werden. Eine besonders wichtige Art der Vermehrung ist deshalb die Meri-

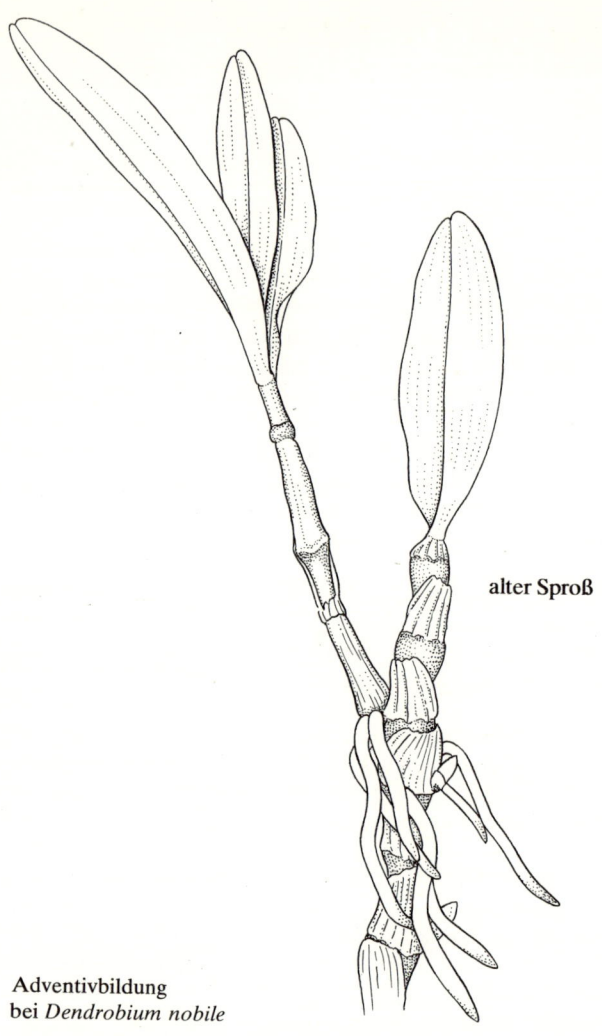

alter Sproß

Adventivbildung
bei *Dendrobium nobile*

stemkultur, eine Gewebekultur (Triebspitzenkultur), die eine Form der vegetativen Vermehrung darstellt. Dabei wird aus Vegetationspunkten teilungsfähiges Gewebe entnommen und unter sterilen Bedingungen auf Nährsubstraten kultiviert. Durch wiederholtes Teilen der sich bildenden Sprosse lassen sich viele Nachkommen aus einer Pflanze gewinnen, die der Ausgangspflanze völlig gleichen. Nur als besondere Ausnahmen entstehen auch hierbei manchmal veränderte Nachkommen. Diese erbgleiche Vermehrungsart wird bei besonderen Ausleseformen, Klonen bzw. Sorten, zunehmend angewendet. Besonders attraktive Pflanzen können auf diese

46

Weise stark vermehrt und einem größeren Kreis von Orchideengärtnern und
-freunden zugänglich gemacht werden.

Generative Vermehrung

Bei der generativen Vermehrung werden Jungpflanzen aus Samen gewonnen. Sie
führt, wenn sie von Erfolg gekrönt ist, zu vielen neuen Pflanzen.
Auf die Problematik der Samengewinnung, der Befruchtung und auf die lange Reifezeit der Samen wurde bereits hingewiesen. Die erfolgreiche Aussaat, sei es sym-
biotisch, d.h. mit gleichzeitigem Zusatz einer Pilzkultur (was heute jedoch kaum
noch erfolgt), oder asymbiotisch, unter sterilen Bedingungen ohne Pilz, erfordert
umfangreiche Spezialkenntnisse.

Schädlinge und Krankheiten

Bei der Pflege von Orchideen ist stets mit Schädlingsbefall zu rechnen. Diese Tiere stellen sich auch auf der Fensterbank ein und werden mit den Bestandteilen des Pflanzstoffes eingeschleppt.

Bei rechtzeitigem Erkennen ist es möglich, sie zu entfernen oder zu vernichten, bevor sie die Pflanzen schädigen. Kräftige Pflanzen sind auch in der Lage, den Befall von sich aus abzuwehren oder einzugrenzen.

Ein starker Befall der Pflanzen mit Schädlingen, z. B. Blattläusen, oder das Auftreten von Krankheiten weisen den erfahrenen Pfleger in vielen Fällen darauf hin, daß Kulturfehler vorliegen. Oft erkennt er am Schadbild, welche Fehler begangen worden sind. Solche Kulturfehler und ihre Folgen können sein:
— wurzelkranke Pflanzen durch Luftmangel an den Wurzeln, durch ungeeigneten Pflanzstoff o. ä.,
— zu warmer oder zu trockener Standort,
— zu wenig Frischluft,
— zu wenig Licht,
— allgemeine Mangelerscheinungen.

Tierische Schädlinge

Asseln, Drahtwürmer, Regenwürmer und Tausendfüßler

Allein ihre Existenz am Wohnzimmerfenster ist unangenehm. Sie können abgelesen bzw. mit handelsüblichen Mitteln gegen Insekten getötet werden. Bewährt hat sich in der Zimmerkultur ein regelmäßiges Besprühen mit Spritzmitteln. Asseln, Tausendfüßler und Drahtwürmer lassen sich auch mit rohen Kartoffelscheiben, auf den Pflanzstoff gelegt, fangen.

Blattläuse

Blattläuse, kleine, meist grünlichgelbe, geflügelte oder ungeflügelte, saugende Insekten, schleppt man oft mit anderen Zierpflanzen und Schnittblumen ein. Sie schädigen Blätter, Neutriebe und Blütenknospen und bereiten außerdem Krankheiten den Weg. Vor allem Pilze oder sogar Viren siedeln sich auf ihren klebrigen Ausscheidungen an und verursachen schwarze oder braune Flecken an den befallenen Pflanzenteilen.

Sobald Blattläuse festgestellt werden, muß sofort für deren Vernichtung gesorgt werden. Das gelingt mit handelsüblichen Spritzmitteln oder durch Ablesen.

Schildläuse

An allen Orchideen können Schildläuse auftreten. Sie setzen sich im Jugendstadium

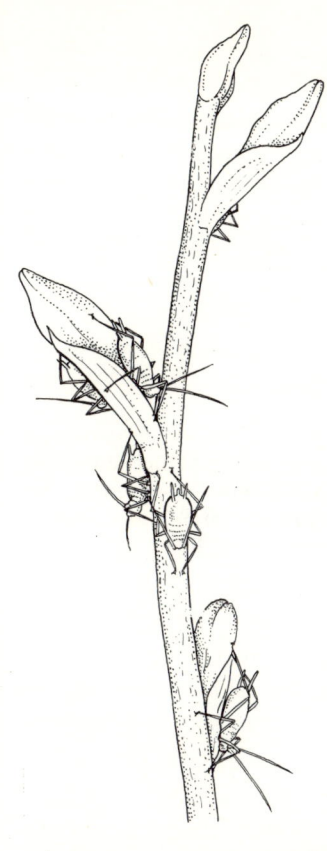

Eingeschleppte Blattläuse
an *Gongora galeata*

an geeigneten Stellen fest und bilden einen dunkelbraunen Schild aus, der sie nachhaltig schützt. Auch auf ihren klebrigen Ausscheidungen siedeln sich bald Pilze an mit ihren bereits geschilderten Folgen. Es ist also wichtig, solche Schädlinge rasch zu erkennen und zu beseitigen. Das geht hier am besten mechanisch mit nachfolgender Behandlung mit entsprechenden Spritzmitteln. Besonders gefährdet sind kränkelnde und zu trocken gehaltene Pflanzen.

Schnecken
Nacktschnecken oder kleine, mitunter nur wenige Millimeter große Gehäuseschnecken sind in der Lage, innerhalb weniger Stunden Neutriebe, Blütentriebe und Wurzelspitzen zu vernichten. Sie lassen sich mit rohen Kartoffelscheiben, die man auf den Pflanzstoff legt, leicht fangen. Man kann sie auch nach dem Durchfeuchten des Pflanzstoffes ablesen, da sie bestrebt sind, aus den feuchten Bereichen nach oben an trockenere Stellen zu gelangen. Schnecken sind vor allem nachts aktiv und deshalb nur schwer zu erkennen. Fraßstellen an den Wurzeln zeigen den Befall an. In der Fensterbankkultur haben sich hauptsächlich die kleinen Gehäuseschnecken als Störenfriede erwiesen. Auf sie ist besonders zu achten.

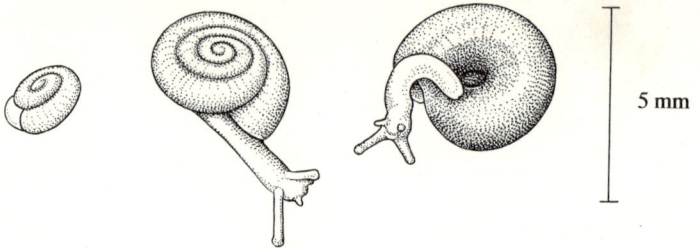

5 mm

Schnecken – Gefahr für Orchideen

Spinnmilben
Vor allem weichblättrige Orchideen werden von Spinnmilben, Rote Spinne genannt, befallen. Sie saugen an Blättern und Blütenknospen, was zu Fleckenbildung und Vergilbung führt. Bei starkem Befall sind feine Spinnweben zu erkennen. Bei allen Gelbverfärbungen der Blätter ist ein evtl. Befall zu überprüfen und entsprechende chemische Mittel sind einzusetzen. Auch diesen Schädling begünstigt zu trockene Haltung der Pflanzen.

Thrips
Der Befall mit Thrips führt zu einer starken Schädigung der Blätter. Sie ist an hellen Flecken zu erkennen und kann zum Verlust der Blätter führen. Die Beseitigung der Schädlinge kann ebenfalls mit handelsüblichen Spritz- oder Streumitteln vorgenommen werden.

Trauermücken
Der ständig feuchte Pflanzstoff ist für Trauermücken der ideale Brutplatz. Ihre Maden zerstören Wurzeln und Neutriebe der Orchideen. Sobald Trauermücken festgestellt werden, ist mit entsprechenden Spritz- oder Streumitteln einzuschreiten.

Virus-, Pilz- und Bakterienkrankheiten

Solche Krankheiten sind vor allem an den Blättern an hellen und durchsichtigen Flecken, an schwarzen Flecken oder an abfallenden Blättern zu erkennen. Eine eindeutige Bestimmung, um welchen Befall es sich handelt, ist dem Anfänger oft unmöglich. Die Pflanzen sind zu isolieren und mit entsprechenden Spritzmitteln zu behandeln. Schwache Pflanzen werden leichter befallen als kräftige. Häufigste Ursache für Pilzkrankheiten ist zu hohe Feuchtigkeit an den Blättern. Bei Pilzbefall sind die Pflegemaßnahmen zu ändern.
Viruskranke Pflanzen sind aus der Sammlung zu entfernen, da die Krankheit auf andere Pflanzen übertragen werden kann. Beim Auftreten solcher Krankheiten sollte jeder Pfleger einen erfahrenen Fachmann zu Rate ziehen.

Meine praktischen Erfahrungen bei der Pflege und Kultur von Orchideen auf der Fensterbank

Den folgenden Ausführungen über die Pflege von Orchideen auf der Fensterbank liegen persönliche Erfahrungen zugrunde. Sie entspringen jeweils einer konkreten, spezifischen Situation, die sich anderenorts kaum exakt wiederholen wird. Trotzdem darf man sie so weit verallgemeinern, daß sie auch anderen Interessenten von Nutzen sind.

Die Verantwortung des Pflegers

Orchideen können sich recht gut den Umweltbedingungen anpassen. Dennoch dürfen gewisse Grenzen nicht ohne Gefahr für die Pflanzen überschritten werden. Diese Grenzen variieren artspezifisch und müssen vom Pfleger ergründet werden. Prinzipiell gilt dabei, daß nur durch die ständige Beobachtung beim täglichen Umgang mit den Pflanzen die Erfahrungen für eine erfolgversprechende Pflege gewonnen werden können.

Zunächst sind die Pflegebedingungen für die Pflanzen, möglichst über einen längeren Zeitraum, in relativ konstanten engen Grenzen zu halten. Sollten Veränderungen erforderlich werden, weil die gewählten Bedingungen der Pflanze nicht zusagen, so sind diese behutsam vorzunehmen. Abrupte, extreme Veränderungen vertragen die Pflanzen kaum. Ständig sollten beobachtet werden:

– das Wurzelwachstum und der Zustand der Wurzeln (Neubildung von Wurzeln, fester Sitz der Pflanze im Pflanzgefäß); dabei sind Störungen der Pflanze zu vermeiden;
– das Wachstum der Neutriebe, Zustand und Farbe der Blätter, Zustand der Pseudobulben (Blätter und Pseudobulben frisch und prall oder faltig und schlaff, Schädlingsbefall);
– der Pflanzstoff (Feuchtigkeitsgehalt, Grad der Veralgung, Verrottungszustand, Schädlingsbefall).

Ein erfahrener Pfleger kann bereits aus ersten Anzeichen erkennen, daß die Pflegemaßnahmen verändert werden müssen, um einem möglichen Kümmerwuchs oder gar dem Verlust der Pflanzen vorzubeugen.

Sagen den Pflanzen die gewählten oder möglichen Bedingungen nicht zu, so sollte nicht erst bis zum Totalverlust gewartet werden, besonders dann nicht, wenn es sich um seltene Pflanzen handelt. Es ist besser, sie einem Orchideenfreund zu überlassen, der über geeignetere Bedingungen, vielleicht in einem Gewächshaus, verfügt. Sind Schäden durch falsche Behandlung aufgetreten, kann der Orchideenfreund auch unter den ihm zur Verfügung stehenden Bedingungen versuchen, diese Pflanzen zu retten. Solche Möglichkeiten sind:

- die Pflanzen in einem anderen Raum der Wohnung unterzubringen, wo geeignetere Bedingungen gegeben sind;
- kranke Pflanzenteile möglichst schnell ab- oder auszuschneiden;
- die Pflanzen in einem Kunststoffbeutel an einem hellen und entsprechend temperierten Standort so lange zu kultivieren, bis sie wieder kräftig geworden sind.

Man muß stets davon ausgehen, daß wir in einer Orchidee eine Pflanze vor uns haben, die nur dann üppig wächst, wenn ihre vielfältigen Ansprüche an die Umwelt- und Wachstumsfaktoren am besten erfüllt werden. Dann vegetieren die Pflanzen nicht nur dahin, sondern zeigen ein beachtliches Wachstum und die Pracht ihrer herrlichen Blüten.

Bei allen Pflegemaßnahmen ist mit den Pflanzen behutsam umzugehen. Sehr schnell sind Neutriebe, Wurzeln und Pseudobulben beschädigt oder Blütentriebe abgeknickt. Dann war viel Mühe zunächst vergebens, denn nun dauert es wieder ein Jahr, bis neue Blüten entstehen.

Gibt es Anfängerpflanzen?

Wer Orchideen pflegen will, wird zuvor Kontakte zu erfahrenen Gärtnern oder Orchideenfreunden aufnehmen, um sich Rat zu holen. Auf der Suche nach geeigneten Pflanzen wird er mit dem Begriff Anfängerorchidee konfrontiert. Damit werden solche Orchideen bezeichnet, die keine besonderen Anforderungen stellen und auch von weniger Erfahrenen zur Blüte gebracht werden können.

Als Orchideen für Anfänger gelten verschiedene Coelogynen (wie *Coel. massangeana* und *Coel. cristata*), Lycasten (insbesondere *Lyc. skinneri* und *Lyc. deppei),* *Paphiopedilum insigne* oder *Odontoglossum*-Arten (*Odm. rossii, Odm. bictoniense*) und *Rossioglossum grande.* Auch *Encyclia fragrans* zählt dazu.

Nun ist es aber keineswegs so, daß diese Orchideenarten dem Unerfahrenen einen Blüherfolg garantieren. Auch diese Pflanzen stellen Ansprüche, die erfüllt sein müssen, wenn sie kräftig heranwachsen und blühen sollen.

Bei manchen Pflegern haben sich gerade diese sogenannten Anfängerorchideen als sehr heikel und schwierig erwiesen. Der Begriff Anfängerpflanze stellt sich oft als unzutreffend heraus und sollte nicht leichtfertig verwendet werden.

Es gibt sicher Orchideen, deren Ansprüche in einer Wohnung leichter erfüllt werden können und deren Bedürfnisse in weiteren Grenzen liegen, so daß sie sich den gegebenen Bedingungen anpassen können. Das sind die Pflanzen, die als gut geeignet empfohlen werden. Empfindlichere Pflanzen sollte man sich erst dann anschaffen, wenn man Erfolg mit der Orchideenpflege hat und gezielt Pflegebedingungen geschaffen werden können.

Wohin mit den Pflanzen?

Die einfachste Möglichkeit, Orchideen zu halten, ist das Aufstellen der Pflanzgefäße auf der Fensterbank, wobei einzelne Orchideen neben anderen Zimmerpflanzen untergebracht werden.

Pflanzgefäße mit Untersetzer

mit Kies gefüllte Schale für Wasser

mit Pflanzen besetzte kiesgefüllte Schale

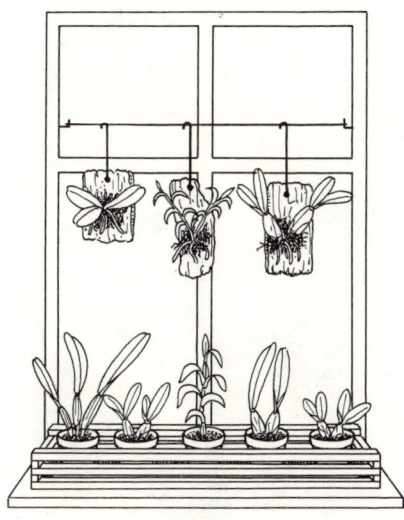

Lattenkorb, der Schale und Pflanzgefäße
aufnimmt. Zusätzliche Blockkultur am
Fenster

Anordnung von Orchideen auf der Fensterbank

53

Platzsparende Anordnung von Orchideen und Tillandsien, in drei Etagen gruppiert, an einer Balkontür

Den Orchideen ist es aber zuträglicher, wenn sie eng beieinander stehen. Dabei stellt sich ein günstiges Mikroklima ein. Noch besser ist es, die Pflanzgefäße in flache Schalen zu stellen, die mit Wasser gefüllt sind. Dadurch werden eine ständige Wasserverdunstung und eine entsprechend hohe Luftfeuchtigkeit erreicht. Dabei ist aber eine gute Dränage in den Pflanzgefäßen für die Pflanzen lebenswichtig, es sei denn, die Aufstellung erfolgt so, daß sie über dem Wasser stehen.

Eine optisch günstigere Anordnung kann man erreichen, wenn aus Holzleisten Körbe angefertigt werden, in denen die Schalen mit den Pflanzgefäßen stehen. So lassen sich die Pflanzgefäße weitgehend verdecken, und die Orchideen kommen besser zur Geltung. Derartige Holzkörbe können auf dem Fensterbrett stehen, am Fenster aufgehängt oder auch mit Hilfe geeigneter Haltevorrichtungen übereinander befestigt werden. Mit einer solchen Anordnung werden gute Voraussetzungen für eine günstige Luftfeuchtigkeit geschaffen.

Ein insgesamt geschlossener Aufbau wird erreicht, wenn an diese Körbe weitere Orchideen in Blockkultur oder andere Begleitpflanzen (Bromelien, Farne) gehängt werden.

Es ist auch möglich, am Fenster einen Epiphytenstamm anzubringen und in den Astgabeln und an der Rinde Orchideen zu befestigen. Das setzt jedoch voraus, daß für Pflegemaßnahmen (Befeuchtung, Düngung) der gesamte Epiphytenstamm oder aber die einzelnen Pflanzen abnehmbar sein müssen. Sicher kann man die Pflanzen auch noch auf andere Art und Weise dekorativ und den Bedürfnissen der Orchideen entsprechend am Fenster unterbringen, denn jede Wohnung hat andere Fenster, und jeder Orchideenfreund entwickelt eigene Ideen. Aber die beschriebene Anordnung in Holzkörben hat sich jahrelang so gut bewährt, daß sie bestens empfohlen werden kann. Sie erlaubt den ungehinderten Zugriff zu den Pflanzen für die erforderlichen Pflegemaßnahmen und macht auch Standortveränderungen, wie sie in der Ruhezeit oder bei zeitweiliger Kultur im Freien notwendig sind, ohne Schwierigkeiten möglich.

Langjährige Erfahrungen lassen erkennen, daß es für die Orchideen ein großer Unterschied ist, ob sie als Einzelpflanzen oder zusammen mit anderen Orchideen und Zimmerpflanzen am Fenster untergebracht sind. Als Einzelpflanzen eignen sich nur sehr anpassungsfähige, widerstandsfähige Exemplare.

Sind jedoch viele Pflanzen an einem Fenster untergebracht, dann stellt sich ein so günstiges Mikroklima ein, daß auch empfindlichere Arten nicht nur gut wachsen und gedeihen, sondern auch blühen.

Urlaub – was nun?

Da Orchideen ohne ständige, aufmerksame Pflege im Zimmer nicht gedeihen, besteht bei Abwesenheit des Pflegers die Gefahr, daß die Pflanzen Schaden nehmen. Zur Überbrückung sind folgende Möglichkeiten zu nutzen:
- Unterbringung der angefeuchteten Pflanzen in geschlossenen, lichtdurchlässigen Plastbeuteln, in denen angefeuchtetes Sumpfmoos für eine ausreichende Luftfeuchtigkeit sorgt. Pflanzen in Blockkultur überdauern so drei Wochen Pflegeausfall relativ gut. Diese „Kleingewächshäuser" werden an ein Nord- oder

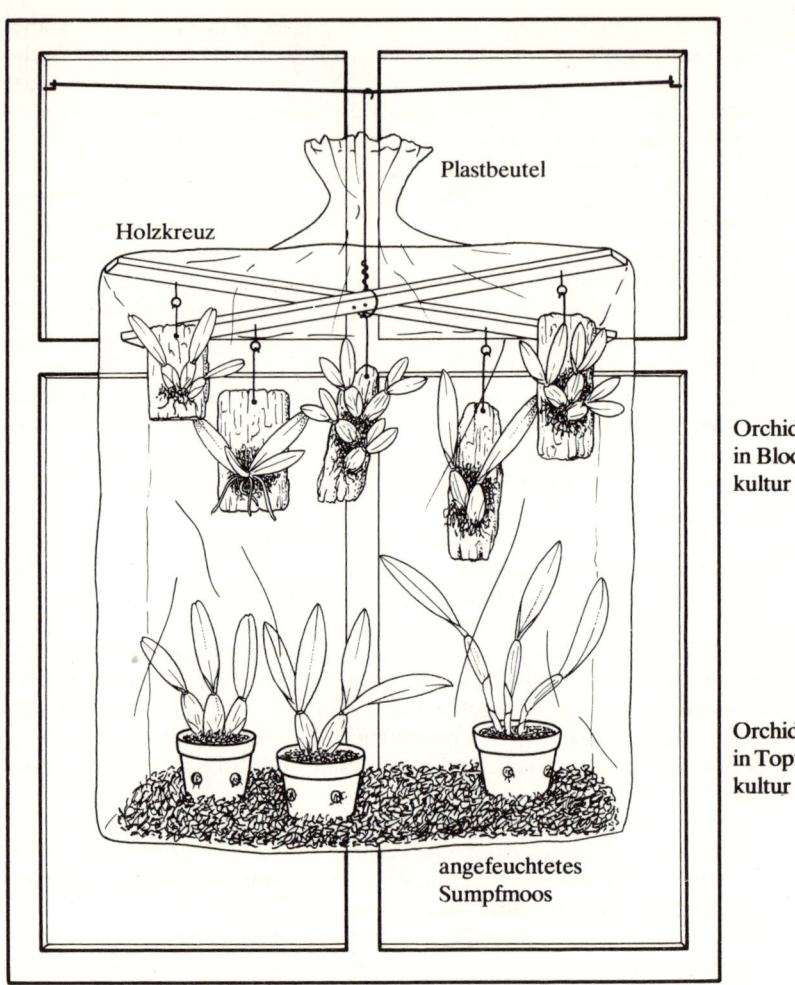

Plastbeutel

Holzkreuz

Orchideen
in Block-
kultur

Orchideen
in Topf-
kultur

angefeuchtetes
Sumpfmoos

Urlaubsaufenthalt für Orchideen (Nordfenster)

Ostfenster gehängt. Es ist unbedingt darauf zu achten, daß vor dem Verschließen der Beutel alle oberirdischen Pflanzenteile, vor allem Neutriebe, abgetrocknet sind.
– Hilfe durch einen interessierten Pflanzenfreund, der die Orchideen in Abständen gießt. Dazu sollten, entsprechend dem Vegetationszustand, die Einzelpflanzen mit besonderen Pflegehinweisen, wie z.B.: viel Wasser – wenig Wasser – gleichmäßig feucht – o. ä., gekennzeichnet werden. So kann auch der unkundige Pfleger

kaum große Fehler machen. Zu viel Wasser führt schon innerhalb weniger Wochen unter Umständen zum Verlust von Neutrieben.
– Vorübergehende Unterbringung in einem Gewächshaus. Das ist vor allem dann ratsam, wenn es sich um seltene, schwer beschaffbare oder auch besonders wertvolle Pflanzen handelt.
– Pflanzen aus dem kalten bis temperierten Bereich lassen sich längere Zeit an kühlen, hellen Fenstern (z.B. Kellerfenster) ohne Pflege halten, wenn sie gut durchfeuchtet untergebracht werden.

Sommeraufenthalt für Orchideen

Dem Orchideenfreund steht häufig als Kulturraum auch ein Balkon oder ein Garten zur Verfügung. Es hat sich gezeigt, daß eine ganze Reihe von Orchideenarten ab Spätfrühling, sobald Nachtfröste auszuschließen sind, bis in den Herbst, kurz vor Einsetzen der ersten Nachtfröste, im Freien gepflegt werden können. Voraussetzung ist, daß pralle Mittagssonne vermieden wird. Für eine entsprechende Schattierung, wie z.B. Unterbringung unter einem Baum oder Schutz durch Lattenroste, ist zu sorgen. Sollten während des Aufenthaltes im Freien längere feuchtkalte Witterungsperioden auftreten, sind die Pflanzen so unterzubringen, daß sie abtrocknen können.
Die Orchideen erhalten unter diesen Bedingungen viel Frischluft und Licht. Hat man mit regelmäßigem Befeuchten (Übersprühen der Pflanzen und des Untergrundes) auch für ausreichende Luftfeuchtigkeit gesorgt, können eine ganze Anzahl von Orchideen ihre Neutriebe kräftig entwickeln. Die Pseudobulben sind dann gut ausgereift, wenn ab Ende August die Nachttemperaturen absinken. Einige Arten beginnen dann bereits ihre Ruhezeit.
Ein wesentlicher Nachteil der Kultur im Freien soll aber nicht verschwiegen werden. Schnell nisten sich in den Kulturgefäßen Schädlinge ein (Asseln, Schnecken, Regenwürmer u.ä.), die man sorgfältig vernichten muß, bevor die Pflanzen auf die Fensterbank zurückkehren. Schnecken machen Neu- und Blütentrieben schnell den Garaus.

Nicht nur dem Gedächtnis trauen!

Es ist für die spätere Beurteilung der Pflegemaßnahmen erforderlich, die wichtigsten Daten der gepflegten Pflanzen aufzuschreiben. Dazu gehören:
– Herkunft der Pflanze,
– Zeitpunkt der Aufnahme in die Sammlung,
– Triebbeginn,
– Blütezeit (Beginn, Ende),
– Anzahl der Blüten,
– Blütengröße,
– Zeitpunkt wichtiger Pflegemaßnahmen (Teilen, Umpflanzen),
– Standort in der Wohnung, Temperatur, Licht, Feuchtigkeit usw.

Ein Beispiel dafür zeigt die folgende Tabelle.

Rossioglossum
grande (Lindl.) Garay et Kennedy

In der Sammlung seit:
12. 12. 1969 (Richter, Crimmitschau)

Pflanze als ausgetriebenes Rückstück erworben. Blüht seit 1972 regelmäßig; bis zu vier Einzelblüten, die etwa 14 cm breit werden. Triebbeginn etwa April/Mai; Blütezeit Oktober/November/Dezember.

| Jahr | Blüte | | | | Sonstiges |
	von	bis	Größe	Anzahl	
1981	4. 12.	22. 12.	14 cm $\varnothing$	4	1/82 geteilt und umgepflanzt

Handwerkszeug zur Orchideenpflege

Für die Pflege der Orchideen sind folgende Hilfsmittel zu empfehlen:
— Wasserzerstäuber, zum regelmäßigen Übersprühen der Pflanzen;
— Hygrometer, zur Kontrolle der relativen Luftfeuchtigkeit;
— Thermometer, möglichst Minimum-Maximum-Thermometer zur Kontrolle der Temperaturen und der Temperaturschwankungen;
— Pinzette, zur Beseitigung von Schädlingen wie Schnecken, Würmern und dergleichen;
— fotoelektrischer Belichtungsmesser, zur Bestimmung der Beleuchtungsstärke am jeweiligen Standort der Pflanzen;
— fester Draht (Aluminium oder Kupfer, lackiert) zum Abstützen von Pflanzen und Blüten und zum Befestigen der Pflanzen in Blockkultur;
— Angelschnur aus Kunststoff oder Bastschnur, zum Anbinden der Pflanzen;
— Taschenlampe, zur Suche nach Schädlingen, die bevorzugt nachts aktiv sind (Schnecken, Würmer);
— Lupe, sechs- bis zehnfache Vergrößerung, zum Erkennen von Schädlingen und zum Beobachten von Pflanzendetails;
— Kunststoffbeutel, durchsichtig, als kleine, abgeschlossene Kulturbehältnisse und als wichtiges Hilfsmittel beim Austreiben von Rückbulben;
— Gießkanne, für die tägliche Pflege;
— Fotoapparat, zur Fixierung von Pflege- und Blühergebnissen. Der Apparat sollte für Nahaufnahmen geeignet sein. Günstig ist eine Spiegelreflexkamera. Damit können die eigenen Ergebnisse im Farbbild dokumentiert werden.

Pflanzstoff

Wenn die Pflanzen auf dem Fensterbrett über einen längeren Zeitraum gepflegt worden sind, wird das Umpflanzen oder sogar Teilen notwendig. Damit ergibt sich die Frage nach dem geeigneten Pflanzstoff.
Oft wird mit verschiedenen Pflanzstoffmischungen aus grobem Torf, *Sphagnum*, zerkleinerter Kiefernrinde, Buchenlaub, Farnwurzeln, Holzkohle und Sand experimentiert. Für terrestrisch wachsende Orchideen wird dann noch Rasenerde oder Komposterde zugegeben. Sehr bald aber ist festzustellen, daß die Behandlung und die täglichen Pflegemaßnahmen wichtiger sind als spezifische Pflanzstoffmischungen. Die meisten Orchideen fühlen sich in einem Pflanzstoff wohl, der aus Kiefernrinde, Buchenlaub, *Sphagnum*, Farnwurzeln und Polystyrolflocken besteht. Die Bestandteile werden zu etwa gleichen Volumenteilen vermischt. Von Fall zu Fall wird die Mischung mit zerkleinerter Holzkohle angereichert, oder bei Bedarf werden kleine Kalksteinbrocken zugefügt. Bei sehr feuchtigkeitsempfindlichen Pflanzen wird der Anteil an Farnwurzeln erhöht. In dieser Mischung gedeihen alle Pflanzen gut, variiert wird vor allem der Feuchtigkeitsgrad des Pflanzstoffes.
Vielfach war festzustellen, daß Pflanzen, die bereits mehrere Jahre prächtig gediehen, wuchsen und blühten, innerhalb weniger Monate deutliche Verfallserscheinungen zeigten.
Nähere Untersuchungen ergaben, daß der Pflanzstoff sehr weit verrottet war, die Wurzeln nicht mehr genügend belüftet wurden und abstarben. Hier half nur noch ein rasches Umpflanzen. Danach erholten sich die Pflanzen zusehends.
Daraus ist zu schließen, daß die Verrottung des Pflanzstoffes allmählich beginnt und dann immer rascher verläuft. Die Beurteilung allein der obersten Pflanzstoffschichten reicht für die Ableitung notwendigen Umpflanzens nicht immer aus. Da aber eine ständige Kontrolle der unteren Pflanzstoffschichten auch bei äußerster Vorsicht die Pflanze stört oder beschädigt, ist es ratsam, spätestens nach zwei bis drei Jahren an das Umpflanzen zu denken. Nur der erfahrene Pfleger weiß, wann sein Pflanzstoff bei den gewählten Pflegemethoden verrottet ist, und kann so den richtigen Zeitpunkt zum Umpflanzen finden. Er muß sich nicht an pauschale Zeitabstände halten.

Geduld

Der größte Teil der heute blühenden Orchideen meiner Sammlung wurde aus Rückbulben oder Jungpflanzen aufgebaut. Der eigentliche Grund dafür lag sicher darin, daß damals Erwerbsgärtner ausgewachsene, blühfähige Pflanzen nur sehr selten abgaben. Es gab auch nur wenige Orchideenfreunde, die einem Anfänger blühfähige Pflanzen überließen.
Heute ist zu sagen, daß diese Umstände von wesentlichem Vorteil waren. Zum einen verlangten diese kleinen Pflanzen viel Aufmerksamkeit, denn sie mußten gleichsam «hochgepäppelt» werden.
Zum anderen wuchsen aber Pflanzen heran, die von klein auf an die Zimmerbedingungen gewöhnt waren. Nur wenige Exemplare gingen verloren, alle anderen leben noch, sind mit der Zeit zu großen Pflanzen herangewachsen und blühen mit wenigen

Ausnahmen. Sie wurden bereits mehrmals geteilt und die abgetrennten Teile an andere Orchideenfreunde weitergegeben.

Aber diese Aufzuchtmethode erforderte viel Geduld.

Eine *Bifrenaria harrisoniae* blühte erst nach zehn Jahren, nämlich erst dann, als auch die Pflegebedingungen für die Blüteninduktion eindeutig herausexperimentiert waren. In keinem der mir damals zugänglichen Orchideenbücher war zu lesen, daß dazu eine trockene und lange kühle Pflegeperiode bei etwa 10 °C erforderlich ist und die Blüten an den Vorjahrespflanzen entstehen.

Eine *Brassavola nodosa* wächst trotz mehrfach variierter Pflegebedingungen seit 11 Jahren, ohne zu blühen.

Aus einer Rückbulbe (Importstück) von *Cattleya labiata* ist erst im Verlaufe von 14 Jahren eine blühfähige Pflanze geworden.

Coelogyne cristata, in vielen Büchern als willig blühende Zimmerorchidee gepriesen, wird seit 15 Jahren mit unterschiedlichem Blüherfolg gepflegt. Erst seit sie im Sommer der vollen Sonne an einem nur leicht schattierten Südfenster ausgesetzt ist und im Anschluß daran im Herbst eine drastische Ruheperiode eingehalten wird, blüht sie regelmäßig mit großen, haltbaren Einzelblüten.

Unterschiedlich sind die Erfahrungen mit Minicymbidien. Zusammen mit einer gelbblühenden Jungpflanze wurde eine gleichgroße rotblühende Jungpflanze in die Sammlung aufgenommen. Trotz gleicher Standorte und Pflegemaßnahmen brachte die gelbblühende nach vier Jahren, die rotblühende dagegen erst nach sieben Jahren erste Blütentriebe.

Noch im Aussaatgefäß wurden etwa 0,5 bis 1,0 cm große Jungpflanzen von *Dendrobium fimbriatum* in Pflege genommen. Nach nunmehr fünf Jahren ist eine Pflanze herangewachsen, deren Pseudobulbe etwa 20 cm hoch ist. Es wird also noch etwas dauern, bis sie blühfähig ist.

Bei anderen sogenannten Zimmerorchideen dauerte es ebenfalls lange, bis sie blühten. *Laelia anceps* brauchte 12 Jahre, Rückbulben von Laeliocattleyen durchschnittlich fünf Jahre. Auch bei *Laelia anceps* mußte erst lange experimentiert werden, bis die konkreten Bedingungen für die Blüteninduktion gefunden waren. Natürlich gibt es auch Orchideen, die trotz Wohnungswechsels robust alle veränderten Bedingungen im Zimmer verkrafteten und regelmäßig blühten. Dazu gehören *Coelogyne massangeana, Coel. fimbriata, Coel. ovalis, Coel. speciosa, Calanthe vestita, Cattleya intermedia, Encyclia cordigera* und *Encyclia cochleata, Paphiopedilum* Maudiae, *Paph.* Harrisianum und *Paph. sukhakulii, Gongora galeata, Haemaria discolor, Oncidium ornithorhynchum* und *Onc. flexuosum, Laelia* Cinnabrosa, *Dendrobium nobile* und *Den. loddigesii, Odontoglossum bictoniense, Maxillaria picta* und *Max. porphyrostele* sowie *Zygopetalum mackaii.*

Diese Pflanzen bereiteten bisher keine wesentlichen Sorgen. Sie blühten jedes Jahr, z.T. mehrfach, und gaben Ansporn, bei den noch nicht blühenden Arten geduldig weiter nach den geeigneten Pflegemaßnahmen zu suchen, bis es dann endlich doch geschafft war.

Deutlich wird auch, daß die Pflanzen im Zimmer wesentlich langsamer wachsen als in einem Gewächshaus.

Wie oft liest oder hört man, daß Orchideenfreunde nach zwei bis drei Jahren vergeblichen Wartens auf Blüten ihre Pflanzen weitergegeben oder verworfen haben, sie gar als «faule Blüher» einstufen. Sie hatten sicher in den meisten Fällen nicht genügend Geduld und die geeigneten Bedingungen noch nicht gefunden.

Hat es sich jedoch erwiesen, daß man die Pflegebedingungen, die die Pflanze braucht, nicht schaffen kann, sollte man sie an einen Pflanzenfreund weitergeben, der die besseren Möglichkeiten zu bieten hat, bevor sie zugrunde geht.

Bei der Fensterbankkultur reichen Erfahrungen von nur wenigen Jahren bei weitem nicht aus, um eine Aussage über die Eignung einer Pflanze treffen zu können. Oft stellen sich erst nach mehreren Jahren die richtigen Pflegebedingungen heraus, bei denen sich die Pflanzen wohlfühlen. Hier sind auch die härteren Bedingungen der Zimmerkultur ausschlaggebend, denn das Wachstum der Pflanzen ist – wie bereits gesagt – insgesamt langsamer. Man hüte sich also vor einem zu schnellen Urteil.

Erfahrungen mit Literaturangaben

Beim täglichen Umgang mit Orchideen muß man oft feststellen, daß auf Literaturangaben nicht immer unbedingt Verlaß ist.

Als *Rossioglossum grande* zum ersten Male aus einer nicht vollständig entwickelten Pseudobulbe einen Blütentrieb hervorbrachte, mußte zunächst angenommen werden, es sei eine andere Art. War doch in einer Literaturangabe zu lesen, daß *Rossioglossum grande* nur dann sicher blüht, wenn die ausgereiften Pseudobulben eine sehr kalte Periode – unter Umständen bis zur Reifbildung – durchgemacht haben.

Es ist also besser, mehrere Literaturangaben durchzuarbeiten, wenn man nach Pflegebedingungen für neuerworbene Pflanzen sucht.

Sollen Blüten an der Pflanze bleiben?

Erstmalig bei *Paphiopedilum callosum*, später auch bei anderen *Paphiopedilum*-Arten zeigte sich, daß die Blüten an der Pflanze sehr lange halten – bis zu drei Monate. Nach zweimaliger Freude an solch langem Blütenflor entwickelten die Pflanzen nur noch kleine, schwache Neutriebe und brauchten mehrere Jahre, bis sie wieder blühfähig waren. Die lange Blütezeit hatte sie aufs äußerste geschwächt. Ähnliches geschah bei *Cattleya intermedia*. Einem starken Neutrieb, der sechs Einzelblüten hervorgebracht hatte, folgten zweimal Neutriebe, die nicht blühten. Erst der dritte Neutrieb blühte wieder mit fünf Einzelblüten. Das gleiche gilt für die *Laeliocattleya* Rheinnixe, die nur in zweijährigen Abständen blühfähige Neutriebe hervorbrachte.

Man muß die Blüten solcher Pflanzen nach einer angemessenen Zeit schneiden. Sie sind dann oft ein willkommenes Geschenk oder erfreuen uns noch lange als Tischschmuck.

Bei anderen Arten schwächt jedoch der Blütentrieb die Pflanze nicht oder nur unwesentlich. Dazu gehören z. B. *Zygopetalum mackaii, Odontoglossum bictoniense, Haemaria discolor, Maxillaria porphyrostele, Max. picta, Oncidium flexuosum* und *Onc. ornithorhynchum.*

Wohnungswechsel

Ein Umzug ist nicht nur für den Wohnungsinhaber von Bedeutung, sondern kann auch für unsere Orchideenpfleglinge sehr wichtig sein. Erste Erfahrungen mit Orchideen habe ich in einer ofenbeheizten Parterrewohnung gemacht. Unter diesen Bedingungen blühte eine *Dendrobium-phalaenopsis*-Hybride zunächst reichlich. Danach stellte sie die Blütenentwicklung ein und brachte von Jahr zu Jahr kleinere Neutriebe. Nach dem Umzug in eine fernbeheizte Neubauwohnung im sechsten Stock änderte sich die Situation gründlich. An einem Südfenster erholte sich die Pflanze zusehends, zeigte jährlichen Zuwachs und brachte drei Jahre später wieder eine Blütentraube mit sieben Einzelblüten hervor. In der wärmeren Wohnung gedieh auch eine *Phalaenopsis- stuartiana-*Hybride prächtig. Sie kam als Jungpflanze mit etwa 2 cm großen Einzelblättern neu hinzu und wurde in einer Kunststoffschale mit nur wenig Pflanzstoff zusammen mit anderen Orchideen am Südfenster gepflegt. Die Blätter der Nachbarpflanzen schützten sie vor zu großer Sonnenbestrahlung. Der jährlich gezeigte Zuwachs ließ hoffen. Nach vier Jahren entwickelte sie einen Blütentrieb mit sieben Einzelblüten von 7 cm Durchmesser. Dieser Erfolg wäre in einer ofenbeheizten Wohnung sicher schwieriger zu erreichen gewesen.

Rossioglossum grande blühte dagegen in der ofenbeheizten Wohnung regelmäßig. Aus einer Rückbulbe wurde innerhalb von drei Jahren eine blühfähige Pflanze. Seit sie in einer wärmeren Wohnung untergebracht ist, blüht sie nicht mehr jährlich. Auch der warme Sommer 1982 trug noch dazu bei, daß die Blüte ausblieb, obwohl kräftige Pseudobulben herangewachsen waren. Die Pflanze muß also hier anders gepflegt werden als vor dem Umzug. Sie braucht etwa ab September einen kühleren Standort.

Hier zeigt sich, daß alle Literaturangaben sehr kritisch aus heutiger Sicht zu bewerten sind. Die in älteren Büchern als Zimmerorchideen bezeichneten Arten, und dazu gehört *Rossioglossum grande*, gedeihen in den trockeneren und wärmeren fernbeheizten Wohnungen nicht mehr so gut. Andere Arten werden sich die Fensterbänke erobern.

Blockkultur im Wohnzimmer

Miltonia spectabilis wurde, aufgeblockt auf Kiefernrinde, als Pflanze mit sechs Pseudobulben aus einem Gewächshaus an die Fensterbank gebracht. Der Versuch reizte, die Blockkultur wurde beibehalten. Obwohl sie in der gleichmäßig warmen Wohnung täglich stark abtrocknete, wuchsen bald mehrere Neutriebe. Nach zwei Jahren blühte die Pflanze zum ersten Male. Inzwischen hat sie das Rindenstück ganz umwachsen. Nach vier Jahren blühte sie mit insgesamt 38 Einzelblüten zwei Monate lang. Der Versuch, ein Teilstück in einem Pflanzgefäß zu pflegen, schlug fehl. Im Pflanzstoff blieben die Wurzeln nicht lebensfähig, sie starben ab, und die Pflanze hatte keinen festen Halt. Dabei wurde ein Pflanzstoff mit viel Rinde und Farnwurzeln und nur wenig Sumpfmoos verwendet. Ausgehend vom Erfolg mit der Blockkultur bei der Mutterpflanze, wurde diese kümmernde Pflanze aus dem

Pflanzgefäß ebenfalls auf einem Rindenstück befestigt. Sie lebte sichtbar auf und blühte im folgenden Jahr.

Ähnliche Erfahrungen ergaben sich bei *Odontoglossum cervantesii* und *Odontoglossum rossii*, die erst am Block richtig gediehen und blühen. Alle Pflanzen in Blockkultur, das sind sowohl Orchideen als auch Tillandsien, werden in der fernbeheizten Wohnung meist einmal täglich übersprüht oder über der Badewanne überbraust. Sie werden damit regelmäßig befeuchtet, auch in der Blattregion, trocknen aber in der Zimmerluft relativ schnell wieder ab. Dieser Feuchtigkeitswechsel sagt ihnen zu, sie gedeihen sehr gut und blühen auch entsprechend. Eine *Coelogyne fimbriata* brachte in einem Jahr insgesamt 29 Einzelblüten. *Coelogyne ovalis* blühte gleichzeitig an neun Pseudobulben drei Monate lang. Zur Erhöhung der Luftfeuchtigkeit wird neben dem intensiven Befeuchten der Pflanzen zwischendurch noch mit destilliertem Wasser gespritzt. Das verunreinigt die Fenster nicht, und die Pflanzen vertragen es gut. Sie müssen allerdings in Abständen von zwei bis vier Wochen in eine Nährsalzlösung mit 0,5 bis 1,0 g Nährsalz (Volldünger) pro 1 l Wasser getaucht werden, damit sie ausreichend Nährstoffe erhalten und Substanz entwickeln können.

Was ist unter den Bedingungen der Fensterbankkultur erreichbar?

Ein kurzer Einblick in die Orchideenkultur am Fenster. Zeitpunkt 23. 5. 1983: Die bisher für Orchideen günstige Witterung des Jahres mit vielen Sonnentagen, vor allem in den Monaten Februar und März, wirkt sich auch in der Zimmerkultur positiv aus. Seit Ostern blüht die *Miltonia spectabilis,* die am Block gepflegt wird, mit bisher 31 schönen, großen Blüten, die etwa vier Wochen lang an der Pflanze halten und angenehm duften. Es sind bis zu 20 Blüten zur gleichen Zeit geöffnet. Daneben hängt, gleichfalls am Block, die kleine *Coelogyne fimbriata,* die seit etwa vier Wochen eine Blüte nach der anderen öffnet. Aus einer Einzelpflanze hat sich im Verlaufe von zehn Jahren ein umfangreicher Busch entwickelt, der zwölf Neutriebe zu gleicher Zeit hervorbringt. Zusammen mit den Neutrieben entwickeln sich die Blütenstände, die bis zu drei Einzelblüten tragen. Neben dem *Cymbidium* Gareth 'Latangor' mit einer gelben Blütentraube aus elf Einzelblüten bildet eine blühende *Encyclia cordigera* var. *rosea* mit ihren stark duftenden, leuchtend purpurfarbenen Blüten einen schönen Farbkontrast.

Diese Pflanzen sind am schattierten Südfenster untergebracht. Am Ostfenster im unbeheizten Schlafzimmer hat ein *Paphiopedilum insigne* um mehr als drei Monate verspätet seine Blüte geöffnet. Darüber hängt *Oncidium flexuosum* mit einem fast 1 m langen Blütenschaft, an dem etwa 30 Einzelblüten wie ein Schwarm leuchtend gelber Schmetterlinge bei leicht geöffnetem Fenster hin und her schaukeln. An dieser Pflanze zeigen sich bereits zwei kräftige Neutriebe, an denen sich die Blätter gerade entfalten. *Dendrobium loddigesii* hängt dicht daneben und hat noch eine von insgesamt 13 Blüten geöffnet.

Am Südfenster hat *Oncidium ornithorhynchum* das Wachstum weitgehend abgeschlossen. Zwischen den Niederblättern zeigen sich die Blütentriebe. *Ornithophora radicans* wird am Block gepflegt. Viele kleine Einzelpflanzen stehen dicht gedrängt aneinander. Auf den ersten Blick sieht das Ganze wie ein Grasbüschel aus, da die zierlichen Pseudobulben von jeweils zwei schmalen, etwa 10 cm langen, laubblattartigen Niederblättern verdeckt werden. Beim genauen Beobachten sind bereits zwei geöffnete Blütenstände zwischen den Blättern zu entdecken, an denen winzige, nur wenige Millimeter große Einzelblüten stehen. Viele weitere Blütentriebe lassen sich zwischen den Blättern erkennen. Sie werden bald die gesamte Pflanze wie ein weißer Mantel überdecken. *Paphiopedilum sukhakulii* treibt zwei Knospen gleichzeitig, die sich in wenigen Tagen öffnen werden. Diese Pflanze steht schattiert am nach Süden gerichteten Balkonfenster. *Laelia* Cinnabrosa treibt einen kräftigen Blütentrieb, der bereits 30 cm lang ist. Erste Einzelknospen lassen sich schon unterscheiden.

Andere Orchideenpflanzen treiben nach der winterlichen Ruheperiode neu aus, so *Bifrenaria harrisoniae, Lycaste cruenta, Calanthe vestita, Maxillaria picta, Max. porphyrostele,* verschiedene Cattleyen und Laeliocattleyen. Auch *Odontoglossum bictoniense, Odm. rossii* und *Odm. cervantesii* treiben kräftig. Sie versprechen damit weitere Blüten nach Abschluß des Wachstums.

Zwischen den Orchideen hängen *Tillandsia*-Arten, die ebenfalls Blütentriebe oder auch Neutriebe entwickeln.

Auswahl der Pflanzen – blühende Orchideen zu jeder Jahreszeit

In der einschlägigen Literatur werden etwa 250 verschiedene Orchideenarten als geeignet für die Fensterbankkultur genannt. Die Angaben der verschiedenen Autoren sind zwar in vielen Fällen weitgehend identisch, sie können aber auch völlig unterschiedlich sein. Das geht so weit, daß ein Autor eine Art als gut geeignet, ein anderer Autor die gleiche Art aber als ungeeignet einstuft. Sicher beruht dies darauf, daß von unterschiedlichen Räumen und Beheizungsarten ausgegangen wurde. Bei der Auswahl der Pflanzen für die Fensterbankkultur sollte man die Erfahrungen anderer nicht negieren. Eigene Erfahrungen sind nur durch jahrelange, eingehende Versuche zu erwerben. Es ist unmöglich, von einem einzigen Pfleger Auskunft über die Eignung der Arten zu erhalten, für die gerade Interesse besteht. Deshalb müssen in geduldiger Kleinarbeit alle Erfahrungen zusammengetragen werden, die von Berufs- und Hobbygärtnern gewonnen worden sind. Diese Erfahrungen sind in Fachzeitschriften und -büchern zu finden oder können auf Fachtagungen und im persönlichen Gespräch ausgetauscht werden.

Seite 65:
Odontoglossum-Arten sind ausgesprochene Gebirgspflanzen, die viel Frischluft und eine hohe Luftfeuchtigkeit brauchen. Am besten für die Fensterbank sind die Arten aus Mittelamerika geeignet. Auch *Odontoglossum maculatum* stammt von dort. Es erfreut uns mit seinen interessant gefärbten Blüten wochenlang. Ihren botanischen Namen verdanken die *Odontoglossum*-Arten den Höckern am Grunde der Lippe. Sie sind bei der ersten beschriebenen Art sehr spitz und zahnförmig.

Dem Orchideenfreund können vor allem
zweiblättrige Cattleyen empfohlen werden. Ihre Blüten sind etwas kleiner als die
von den Gärtnereien angebotenen
Schnittorchideen. Die beiden Abbildungen von *Cattleya intermedia* zeigen, wie
sehr die Pflanzen dieser Art variieren
können.

Rechte Seite: Auch *Cattleya skinneri* variiert in der Blütenfarbe. Ein Blütenstand
kann bis zu 15 Einzelblüten tragen.

Linke Seite: Wie unterschiedlich Cattleyen sein können, zeigen die drei abgebildeten Arten. *C. labiata* bringt bis zu 20 cm große Blüten mit der typischen tütenförmigen Lippe. *C. forbesii* fällt dagegen mit den gelbgrünen, 10 cm großen Blüten weniger auf. Die Blüten von *C. aurantiaca* werden nur 3 cm groß, zeichnen sich aber durch ihre leuchtend orangerote Farbe aus.

Diese *Cattleya*-Hybride kam als Rückbulbe in meine Sammlung. Leider ist ihr Name nicht mit weitergegeben worden. Sie wird mit der gleichen Sorgfalt gepflegt wie die anderen Orchideen. Jährlich öffnet sie in den ersten Monaten des Jahres ihre Blüten.

Züchterfleiß hat bei *Cattleya*-Hybriden zu einer großen Formen- und Farbenvielfalt geführt. Fast alle erdenklichen Farben sind heute bekannt. Großblütige Hybriden, so wie hier *Laeliocattleya* Rheinnixe, sind sehr begehrte Orchideen. Sie zieren bei richtiger Pflege 2 bis 3 Wochen die Fensterbank.

Rechte Seite: Gelb blühende *Cattleya*-Hybriden sind für jeden Orchideenfreund eine Kostbarkeit. *Laeliocattleya* Max und Moritz öffnet ihre Blüten mit leuchtend gelben Tepalen und einer purpurfarbenen Lippe. Gegen Ende der Blütezeit verblaßt das Gelb der Tepalen; sie werden weiß.

Buntblättrige Orchideen wirken auch ohne Blüten attraktiv. Die traubenartigen Blütenstände von *Haemaria discolor* setzen sich aus solchen Einzelblüten zusammen, die auffallend duften.

Coelogyne cristata ist eine Bergorchidee, die im Sommer viel Licht verträgt. Zur Blütenbildung braucht sie eine ausgeprägte Ruhezeit. Sie war früher als Schnittorchidee sehr beliebt, wurde aber durch moderne Hybriden aus den Gärtnereien verdrängt.

Coelogyne speciosa entwickelt ihre Blüten mit
dem Neutrieb. Der Blütenschaft ist sehr dünn,
fast fadenförmig und hängt nach unten. Man hat
den Eindruck, daß er die relativ großen Blüten
kaum zu tragen vermag.

Die Blüten von *Coelogyne fimbriata* (oben) und *Coel. ovalis* (unten) unterscheiden sich nur wenig. Der Größenunterschied ist allerdings beträchtlich. Beide Arten eignen sich bei Blockkultur gut für die Pflege am Fenster.

Encyclia fragrans ist eine dankbare Zimmerorchidee, wenn man starke, vieltriebige Pflanzen heranwachsen läßt. Auch für die Hydrokultur ist sie geeignet. Sie dankt gute Pflege mit ihren interessanten, duftenden und haltbaren Blüten.
Epidendrum ellipticum hat stengelartige Triebe, an denen terminal die leuchtenden Blüten in dichten Trauben stehen. Die bis 1 m hohen Pflanzen brauchen jedoch sehr viel Platz.

Encyclia cordigera ist eine der attraktivsten Arten der Gattung. Besonders farbig ist die abgebildete *Encyclia cordigera* var. *rosea*, deren Blüten wochenlang halten und stark duften.

Ornithophora radicans ist die einzige Art der Gattung und eng mit *Oncidium* verwandt. Sie wird am besten am Block gepflegt. Starke Pflanzen erfreuen ihren Pfleger mit langer Blühdauer. Die Einzelblüten sind nur 8 bis 10 Millimeter groß.

Cymbidium Minneken 'Rosalita' gehört zu den kleinwüchsigeren Minicymbidien, die besonders für den Orchideenliebhaber gezüchtet worden sind. Ein Sommeraufenthalt im Freien fördert ihre Widerstandsfähigkeit und einen reichlichen Blütenansatz.

Minicymbidien können an einer Pseudobulbe mehrere Blütentriebe hervorbringen. *Cymbidium* Gareth 'Latangor' ist
solch eine farbenfrohe Orchideenzüch-
tung, deren Blüten lange halten und außerdem gute Schnittblumen liefern.

Aus millimeterkleinen Ansätzen wachsen bei *Dendrobium loddigesii* zarte, bis zu 5 cm große Blüten heran.

Linke Seite: Mit Staunen erlebt man bei *Dendrobium* Anne Marie, wie sich die Knospen zu prachtvollen Blüten entfalten.

81

Dendrobium-Phalaenopsis-Hybriden sind wertvolle Schnittorchideen, die jedoch auf der Fensterbank schwierig zu pflegen sind. Geduld und Fingerspitzengefühl können aber auch hier zum Erfolg führen.

Rechte Seite: Dendrobium nobile blüht nur, wenn eine deutliche Ruheperiode eingehalten wird. Das gelingt gut im Freien bei Temperaturen bis fast in Gefrierpunktnähe. Bei zu warmer Pflege bilden sich aus den Blütenansätzen Neutriebe, die rasch Wurzeln treiben, aber auch noch blühen können.

Gesunde Wurzelbildung bei *Maxillaria picta* ist die Voraussetzung für starke Pflanzen, die reichlich solche schönen, intensiv duftenden Blüten entwickeln.

Rechte Seite: *Maxillaria variabilis* ist eine reizende, kleinwüchsige Liebhaberorchidee, die mehrere Blüten nacheinander am Grunde der Pseudobulben öffnet.

Die Blüten von *Maxillaria porphyrostele*
stehen am Grunde der Pseudobulben eng
beieinander. Werden die Blütentriebe
feucht, faulen sie leicht aus, und man wartet vergebens auf die attraktiven Blüten.

Bifrenaria harrisoniae (oben) und *Lycaste cruenta* (unten) stammen aus nahe
verwandten Gattungen. Ihre Blüten
scheinen aus Wachs geformt zu sein. Sie
sind sehr haltbar und duften angenehm.

Rosafarbene Blüten sind bei Oncidien selten. *Oncidium ornithorhynchum* hat verzweigte Blütenstände. Die Säulenspitze der Blüte sieht wie ein Vogelschnabel aus und diente wegen dieser Ähnlichkeit für die Namensgebung.

Oncidium sphacelatum fällt durch meterlange Blütenrispen auf. Wie ein Schmetterlingsschwarm wiegen sich die 2,5 cm großen Einzelblüten bei der geringsten Luftbewegung. Erst die fotografische Vergrößerung offenbart die ganze Schönheit einer Einzelblüte.

Odontoglossen und Oncidien sind nahe verwandt, sehr vielgestaltig und farbig. Durch Hybrid-Züchtung wurde ihre Vielfalt bedeutend vergrößert. Beispiele dafür sind die Blüten von: *Odontoglossum rossii* (oben) und *Odontoglossum cervantesii* (unten).

Linke Seite: *Odontocidium* Tiger Hambüren, *Oncidium flexuosum* und *Oncidium*-Hybride

Odontoglossum bictoniense blühte in Europa erstmals 1836 in den Gewächshäusern von Lord Rolle in Bicton/England. So bekam die Pflanze bei ihrer wissenschaftlichen Beschreibung den Artnamen.

Odontoglossum-Hybriden, geeignet für die Fensterbank, bilden leuchtende Farbtupfer in jeder Orchideensammlung. Wie unterschiedlich die Hybriden aussehen können, zeigen in der oberen Reihe die beiden Abbildungen von *Odontoglossum bictoniense × Odontoglossum crispum.*

Hybriden von *Odontoglossum* mit anderen Gattungen brachten eine kaum glaubhafte Steigerung in Farben und Formen. Die unteren Farbfotos von einer *Odontioda*-Hybride und einer *Wilsonara* Hambüren Stern zeigen dies deutlich.

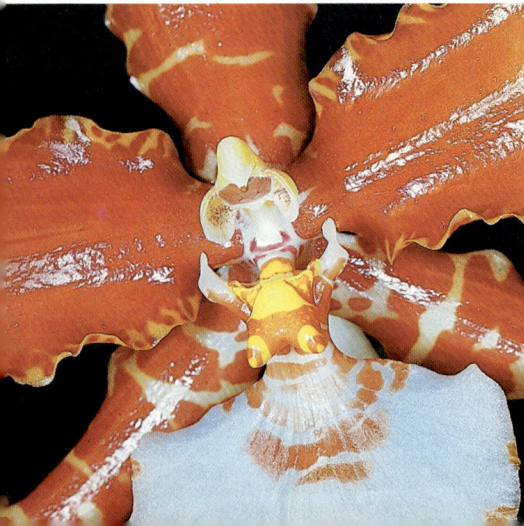

Linke Seite: Fast 20 cm groß werden die Blüten von *Rossioglossum grande*, auch Tigerorchidee genannt. Den komplizierten Blütenbau zeigt die Nahaufnahme. Interessant ist, wie sich die Blüte eine Woche nach der Bestäubung verändert hat. Die Flügel der Säule neigen sich über der Narbe zusammen und umschließen die dort angehefteten Pollenpakete.

Miltonia spectabilis trägt ihren Namen, der ansehnliche *Miltonia* bedeutet, zu Recht. Eine Orchideenblüte von solcher Schönheit kann man immer wieder betrachten, denn immer wieder ist man aufs neue begeistert.

95

Wenn bei *Calanthe vestita* am Grunde der Pseudobulbe der Blütentrieb zu erkennen ist, wartet sie etwa sechs bis acht Wochen später mit einer solchen Blütenpracht auf.

Laelia anceps ist eine Orchidee aus den Kordilleren Mittelamerikas. Sie wird wegen ihrer aparten Blüten von den Orchideenfreunden sehr begehrt. Voraussetzung für den Blüherfolg sind gesunde Wurzeltriebe vom Vegetationsbeginn an bis zur Blüte. Die Blütentriebe wachsen sehr langsam. Wenn sie nach einigen Wochen 50 bis 60 cm lang sind, entfalten sich die Blüten.

Gongora galeata bildet Blütentrauben mit etwa 20 Einzelblüten. Durch den eigenartigen Aufbau sieht die Blüte besonders bizarr aus. Der Fruchtknoten ist schwungvoll gebogen. Die Lippe steht über der Säule, die vom mittleren äußeren Tepalum kahnförmig umschlossen wird. Die inneren Tepalen sind sehr klein.

Rechte Seite: *Meiracyllium trinasutum* hat eine kaum zu erkennende Pseudobulbe und ein breit-ovales, fleischiges Blatt. Die kleinen Blüten fallen durch die rotviolette Farbe und den starken, aromatischen Duft auf. Solche botanischen Orchideen lassen das Herz eines Orchideenfreundes höher schlagen.

Paphiopedilum sukhakulii wurde erst 1964 inmitten von *Paphiopedilum-callosum-*Importpflanzen von Orchideenfreunden in Solingen entdeckt. Wegen der außergewöhnlich breiten und schön gezeichneten Blüten konnte man dieses *Paphiopedilum* bald in vielen Sammlungen finden. Inzwischen gibt es bereits interessante Hybriden. Seinen botanischen Namen erhielt es nach dem thailändischen Orchideenexporteur, der den heimatlichen Standort angeben konnte.

Sowohl Arten als auch Hybriden aus der Gattung *Paphiopedilum* bereichern mit ihren attraktiven Blüten jede Orchideensammlung. Die Blüten werden von der schuhförmigen Lippe geprägt, die von der Fahne, den seitlichen Tepalen und dem nach unten gerichteten Syntepalum umrahmt wird.

Paph. Harrisianum, *Paph.* Leeanum × *Paph.* Chantinii, *Paph.insigne* und *Paph.* Maudiae sind für die Kultur auf der Fensterbank gut geeignet.

Linke Seite: *Phragmipedium* Sedenii ist eine Züchtung, die bereits 1873 entstand und heute noch von den Orchideenfreunden kultiviert wird. An seinem Blütenschaft stehen bis zu 7 Einzelblüten, die sich nacheinander öffnen. *Phragmipedium* Sedenii bildet einen sehr dichten Ballen von Erdwurzeln.

Die Gattung *Phragmipedium* aus Amerika ist mit der Gattung *Paphiopedilum* aus Asien eng verwandt. Das zeigt die Gegenüberstellung der wichtigsten Blütenmerkmale auf den Nahaufnahmen von *Phragmipedium* Sedenii und *Paphiopedilum* Maudiae.

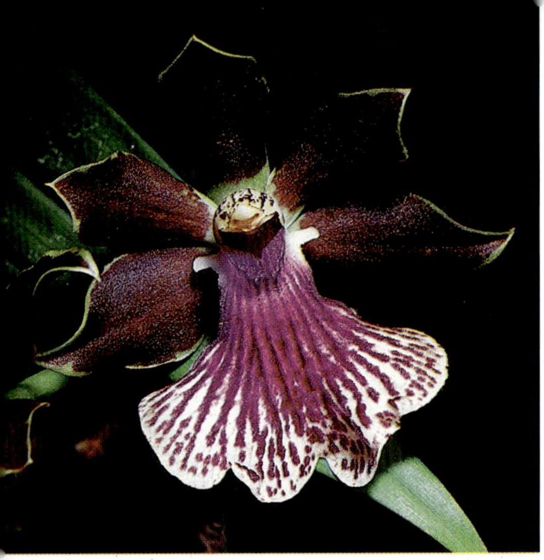

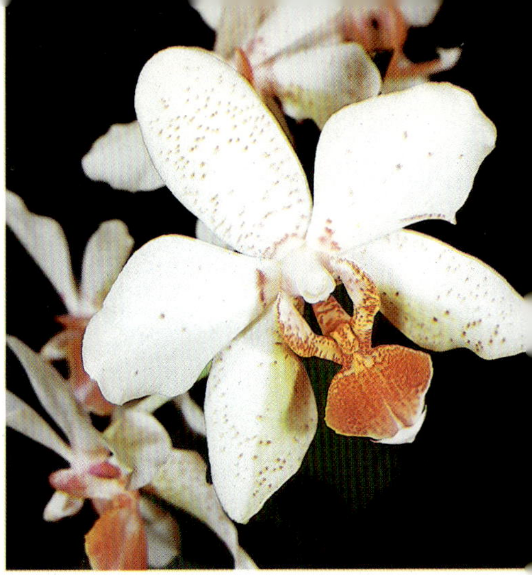

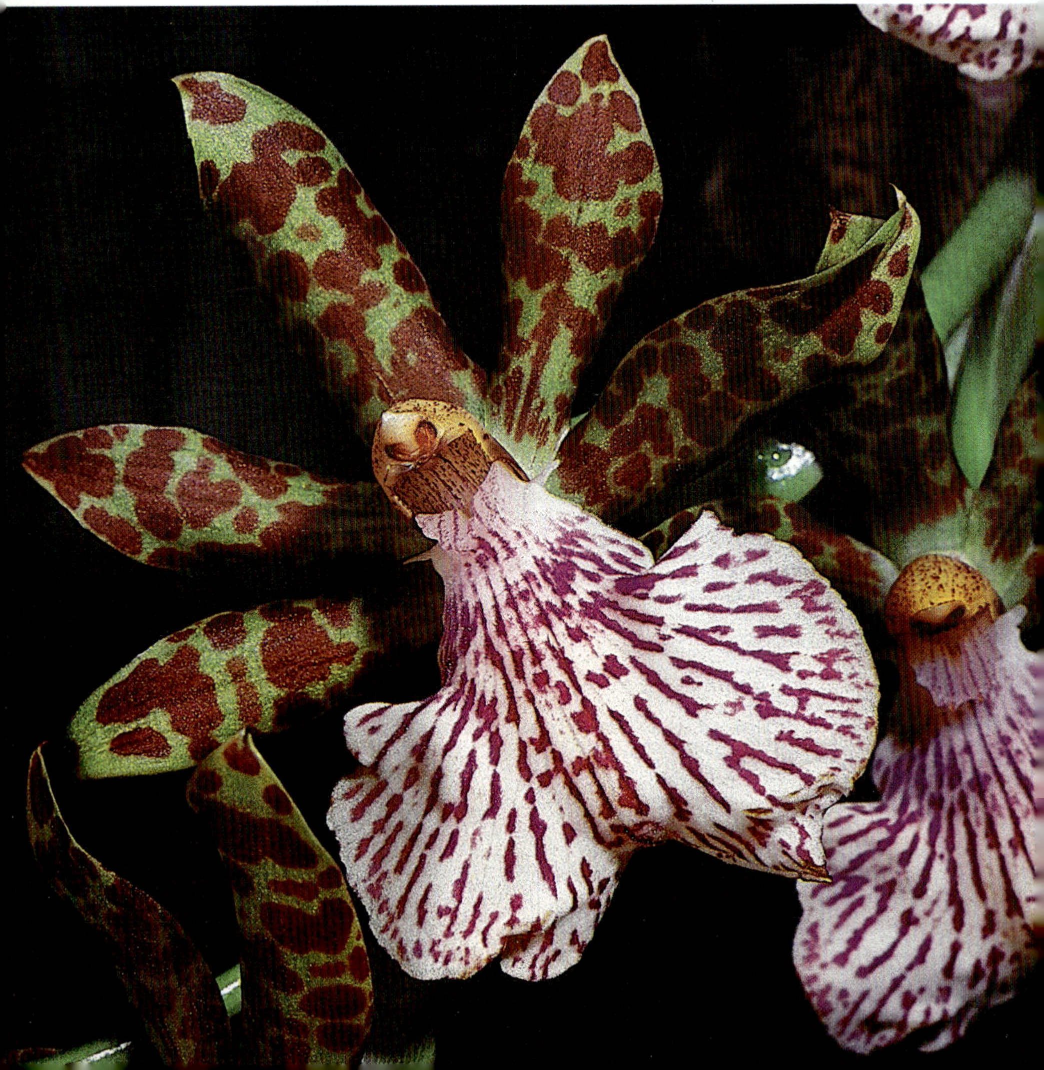

Linke Seite: *Zygopetalum* sollte bei keinem Orchideenfreund fehlen. Das oben abgebildete *Zygopetalum* Artur Elle ist wesentlich farbintensiver als das aus Brasilien stammende *Zygopetalum mackaii*.

Phalaenopsis-Hybriden blühen bei richtiger Pflege auch am Fensterbrett. Dazu gehört *Phalaenopsis* Gracia × *Phal. stuartiana*.

Entscheidend für den Blüherfolg ist die richtige Auswahl der Orchideen für das Fensterbrett. Hier blühen zur gleichen Zeit *Phal.* Gracia × *Phal. stuartiana*, *Miltonia spectabilis*, *Encyclia cordigera* var. *rosea* und *Odontoglossum bictoniense* × *Odm. crispum*.

Blockkultur ist für epiphytische Orchideen eine naturnahe Pflege, bei der sich die Pflanzen üppig entwickeln und auch reichlich blühen. Alle Pflanzenteile kommen gut zur Geltung. Hier sind es *Miltonia spectabilis, Meiracyllium trinasutum, Dendrobium loddigesii, Odontoglossum rossii* und *Odm. cervantesii.*

Rechte Seite: Eine solche Orchideensammlung an einem Balkonfenster ist Blickfang im Wohnzimmer. Alle Pflanzen sind für individuelle Pflegemaßnahmen leicht zugänglich. Die räumlich enge Anordnung gewährleistet, daß sich ein günstiges Mikroklima einstellt.

Nicht nur den Blüten, wie hier von *Lae-liocattleya* elegans × *Cattleya* Fabianid und *Laelia* Cinnabrosa, gilt die Aufmerksamkeit des Pflegers. Sobald sich die Neutriebe und erste Wurzeln zeigen, ist die Entwicklung kräftiger Pflanzen sorgfältig zu fördern. Die Frucht einer *Laelia* braucht etwa acht Monate bis zur Reife.

Rechte Seite: Zwei Blütentriebe an einer Pseudobulbe bei *Coelogyne massangeana*; Adventivbildung an einer Pseudobulbe von einer *Dendrobium-phalaenopsis*-Hybride; Blütentraube von *Coelogyne massangeana*; Neutriebe am Blattansatz der Pseudobulbe bei *Encyclia cochleata*; Einzelblüte von *Coelogyne massangeana*.

Gesunde Wurzeln, Neutriebe und Blütentriebe gehören zum Alltag der Orchideenpflege. Die Blüten sind der Lohn für alle Aufmerksamkeit und Mühe. Jede Pseudobulbe, in der noch Leben ist, kann wieder austreiben, auch an ungewohnten Stellen.

Tillandsien sind die interessantesten Begleitpflanzen der Orchideen. Sie leuchten mit ihren Blütentrieben am Fenster.
Von links oben nach rechts unten sind abgebildet: *Till. tenuifolia* var. *surinamense, Till. araujei, Till,* spec., *Till. ionantha.*

Rechte Seite: *Till. stricta, Till. usneoides* und der beginnende Blütentrieb von *Till. tenuifolia* var. *surinamense* sind Beispiele, daß auch Tillandsien am Fenster der Wohnung mit Erfolg gepflegt werden können. Sie brauchen viel Licht und wollen regelmäßig mit Feuchtigkeit versorgt werden. Läßt man sie ungestört wachsen, so bilden sich bald umfangreiche Pflanzen.

110

Folgende Kriterien müssen bei der Auswahl der Pflanzen für die Fensterbankkultur in erster Linie beachtet werden:

Eignung der Pflanzen für den Temperaturbereich des Zimmers
Abhängig von der Art der Beheizung der Wohnung oder einzelner Wohnräume sind entweder Pflanzen aus dem kalten, dem temperierten oder dem warmen Bereich auszuwählen. Es ist also notwendig, vor dem Erwerb der Pflanzen die Temperaturbedingungen am künftigen Standort in der Nähe des Fensters zu kennen. Langjährige Erfahrungen zeigen, daß an den Fenstern mit folgenden Bedingungen zu rechnen ist:

Art der Beheizung des Raumes	Halbjahr	Temperatur in °C	relative Luftfeuchtigkeit in %
Ofenheizung	Winter	(8)10 bis 18(25)	(30)40 bis 50
	Sommer	(13)15 bis 25(30)	40 bis 60
Zentralheizung Fernheizung Warmwasserheizung	Winter	(10)16 bis 20(25)	30 bis 40
	Sommer	18 bis 25(30)	30 bis 60
wenig beheizte Zimmer	Winter	(5)8 bis 12(15)	40 bis 60
	Sommer	(10)12 bis 20(25)	30 bis 50

Angaben in Klammern: Extremwerte
Die oberen Temperaturwerte können bei direkter Sonneneinstrahlung noch übertroffen werden.

Unter gleichen Bedingungen gehaltene Pflanzen müssen denselben Temperaturbereichen zugeordnet werden können. Die Anschaffung von Pflanzen aus unterschiedlichen Temperaturbereichen ist nur dann möglich, wenn man über mehrere Fenster in verschiedenen Räumen mit differenzierter Beheizung verfügt.

Lichteinfall und Lichtintensität am Fenster
Wichtig ist vor allem die Lage der Fenster bezüglich der Himmelsrichtung und der damit zu erwartenden Sonneneinstrahlung. Es ist für die Pflanzen ein großer Unterschied, ob sie an einem sonnigen Platz stehen oder ob sie nie Sonnenlicht erhalten. Aber auch sonnige Standorte können noch sehr unterschiedlich sein. Das hängt davon ab, wie lange und zu welcher Tageszeit das Sonnenlicht die Pflanzen erreicht. Stehen Pflanzen zu dunkel, lassen sie in Wachstum und Blühfreudigkeit nach. In extremen Fällen stellen sie ihre Lebensfunktionen ein.

Seite 112:
Ein bunter Reigen verschiedener Orchideen, die alle zur gleichen Zeit auf der Fensterbank ihre Blüten öffneten. Es sind *Laeliocattleya* Max und Moritz, *Dendrobium* Anne Marie, *Odontoglossum bictoniense* × *Odontoglossum crispum* und *Paphiopedilum* Maudiae.

Wenn Orchideen an den Fenstern untergebracht werden sollen, muß man die dort herrschenden Bedingungen genau kennen und mit den Ansprüchen der Orchideen vergleichen. Erst dann kann man entscheiden, welches Fenster für welche Pflanzen geeignet ist.

Zunächst ist darauf zu achten, nach welcher Himmelsrichtung das Fenster zeigt, denn davon hängt in erster Linie die Lichtzuführung auf die Pflanzen ab. Weiterhin ist es sehr wichtig, ob das Zimmer ständig, zeitweise, wenig oder nicht beheizt wird. Sehr bedeutsam für die Pflanzen ist, ob die Heizquelle in der Nähe der Fenster oder sogar unmittelbar unter dem Fenster steht. Auch muß berücksichtigt werden, ob das Fenster unmittelbar der Sonneneinstrahlung ausgesetzt ist oder durch Bäume, Nachbargebäude oder Anbauten beschattet wird. Ungünstig für Orchideen ist die pralle Mittagssonne und der damit verbundene Temperaturanstieg, da sie schnell aufgeheizt werden und verbrennen können. Ebenso ungünstig sind solche Fenster, die nie von der Sonne erreicht werden. Die durch die Lage der Fenster entstehenden Bedingungen können wie folgt charakterisiert werden:

Ostfenster
Ein heller Standort mit Morgensonne, die den Pflanzen nicht schaden kann. Es ist keinerlei Schattierung notwendig. Auch tagsüber bleibt es am Fenster hell, vorausgesetzt, es wird nicht durch Bäume oder Nachbargebäude beschattet.
In gut beheizten Räumen ist ein Ostfenster ein günstiger Platz für temperiert zu pflegende Orchideen. In kühlen Räumen ist dieses Fenster sehr gut für Pflanzen geeignet, die während der Herbst- und Wintermonate ihre Ruhezeit benötigen, oder für solche, die kalt zu pflegen sind.

Westfenster
In der Regel ist ein Westfenster ein etwas wärmerer Standort als ein Ostfenster, da die Sonneneinstrahlung in den Sommermonaten länger und intensiver ist. Die Sonne trifft die Orchideen aber erst in den Nachmittagsstunden, wenn sie bereits an Intensität eingebüßt hat. Eine Schattierung ist nicht erforderlich.

Nordfenster
Dieser Platz ist für Orchideen nur bedingt geeignet. Die Pflanzen erhalten kein direktes Sonnenlicht und müssen deshalb auf wesentliche Energiezufuhr verzichten. In der Regel sind Räume mit Nordfenstern relativ kühl.
In den Herbst- und Wintermonaten können diese Fenster allerdings gute Stellplätze für Orchideen sein, die eine Ruhezeit benötigen. Dem Lichtbedürfnis der Pflanzen muß aber Rechnung getragen werden. Es darf also kein Licht durch Nachbargebäude oder Bäume weggenommen werden.
Für Orchideen mit Ruhezeit muß die erforderliche Temperatur gegeben sein.

Südfenster
Ein sehr heller Standort, an dem die Sonne während des größten Teiles des Tages die Pflanzen erreicht. In den Mittagsstunden kann das Sonnenlicht mit so großer Intensität einfallen, daß die Blätter verbrennen. Darüber hinaus ist bei hoher Sonneneinstrahlung und gleichzeitiger Beheizung mit einem starken Abfall der Luftfeuchtig-

keit zu rechnen. Es besteht dann ein sehr großer Unterschied zwischen Luftfeuchtigkeit und Ballenfeuchtigkeit, der den Orchideen nicht zusagt.

Ein Südfenster kann ein guter Pflegeplatz werden, wenn durch Schattierung das Sonnenlicht gedämpft und durch zusätzliche Isolierung die direkte Einwirkung von Heizwärme verhindert wird. An solch einem Fenster lassen sich temperiert und auch warm zu pflegende Orchideen erfolgreich kultivieren.

In der Regel verfügt man nur selten über Fenster, die genau in eine der genannten Himmelsrichtungen weisen, sondern vielmehr eine Zwischenstellung einnehmen. Sehr gute Plätze für Orchideen sind Südost- und Südwestfenster, aber auch Nordost- und Nordwestfenster eignen sich noch.

Alle Pflegemaßnahmen müssen sich nach den gegebenen Fensterplatzbedingungen richten.

Bei zuviel Licht muß schattiert, bei zuwenig Licht eine Zusatzbeleuchtung angebracht werden. Luftfeuchtigkeit, Frischluftzufuhr und Temperatur sind zu regulieren. Dazu müssen mit Überlegung die richtigen Maßnahmen getroffen werden.

Aus der Charakteristik der Fensterlagen ist zu erkennen, daß einzelnen Orchideenarten zu den verschiedenen Jahreszeiten auch verschiedene Fenster zusagen. Also wird der erfahrene Pfleger seine Orchideen nicht das ganze Jahr über am gleichen Fenster belassen, sondern den Fensterplatz entsprechend wechseln.

Blütezeit und Haltbarkeit der Blüten
Die Blütezeit der einzelnen Orchideen ergibt sich aus dem Vegetationsrhythmus und ist jahreszeitlich unterschiedlich.

Bei richtiger Auswahl der Pflanzen ist es möglich, das ganze Jahr über blühende Orchideen zu haben. Das setzt natürlich ein entsprechendes Platzangebot voraus. Es gibt Orchideen, deren Blüten monatelang halten, aber auch solche, die schon nach wenigen Tagen verblüht sind.

Arten oder Hybriden
Beim Anlegen einer Orchideensammlung werden viele Orchideenfreunde wahllos alle erreichbaren Pflanzen erwerben. Doch der nähere Umgang mit den Orchideen wird bald die Vorliebe für bestimmte Arten, Gattungen oder Züchtungen wecken. Auch unter Zimmerbedingungen kann eine Spezialsammlung angelegt werden. Die nun schon mehr als 130 Jahre andauernde Züchtungsarbeit des Menschen hat neben den natürlichen Arten nochmals eine ähnlich große Zahl und Vielfalt von Sorten geschaffen, wie sie die Natur bereits bietet. Die durch Züchtung entstandenen Hybriden sind darüber hinaus häufig leichter zu pflegen, da sie die positiven Eigenschaften ihrer Eltern in sich vereinen. Sie sind oftmals wuchs- und blühwilliger und weniger stark an bestimmte Voraussetzungen gebunden.

Alter und Größe der Pflanzen
In der Fachliteratur wird angegeben, daß für die Fensterbankkultur kräftige, ausgewachsene Pflanzen zu erwerben sind, da sie den Übergang von der Gewächshausatmosphäre in die des Zimmers besser vertragen als Jungpflanzen.

Inzwischen liegen jedoch zahlreiche Erfahrungen vor, die zeigen, daß auch ausgewachsene, blühfähige Pflanzen, die an die Gewächshausatmosphäre gewöhnt sind, den doch krassen Übergang in die Zimmeratmosphäre sehr oft nur schwer verkraften und sich erst nach einer längeren Anpassungszeit eingewöhnen. Zwar blühen solche Pflanzen, angeregt durch die veränderten Bedingungen, relativ schnell. Aber das ist noch kein Zeichen für einen dauerhaften Erfolg. Die Pflanzen siechen unter Umständen lange dahin. Die Geduld des Pflegers wird oft harten Proben unterworfen. Viele geben dann zu schnell auf, weil sie keinen Fortschritt feststellen können. Eigene Erfahrungen zeigen, daß es durchaus möglich und sogar zu empfehlen ist, die Zimmerkultur mit sogenannten Rückbulben zu beginnen. Es wachsen Pflanzen heran, die von Anfang an an die Zimmeratmosphäre und an die besonderen Pflegebedingungen gewöhnt sind. Überstehen diese Pflanzen die Anfangsperiode, so zeigen sie nach der Ausbildung der Wurzeln bald einen steten Zuwachs, und das Schwierigste ist gemeistert.

Jungpflanzen wachsen unter Zimmerbedingungen wesentlich langsamer als im Gewächshaus. Deshalb dauert es auch länger, bis solche Pflanzen zum ersten Male blühen. Aber die sichtbaren, wenn auch oft kleinen Fortschritte lassen keine Resignation aufkommen. Die Freude über den Erfolg ist dann der Lohn für alle Mühe und Geduld.

Der Vegetationszyklus

Die meisten Orchideen benötigen zur Ausbildung blühfähiger Neutriebe und zur Entwicklung der Blüte den Zeitraum eines Jahres. Eine Reihe von Orchideen ist jedoch in der Lage, bei entsprechenden Kulturbedingungen zwei Vegetationszyklen innerhalb eines Kalenderjahres abzuschließen. Diese Pflanzen können auch zweimal im Jahr zum Blühen gebracht werden. Bei entsprechender Pflanzengröße kann man den Eindruck gewinnen, sie blühen das ganze Jahr über, da sich an den Neutrieben immer wieder Blüten öffnen.

Viele Orchideen blühen aus jedem Neutrieb nur einmal. Nur in wenigen Fällen ist mit einem weiteren Blütentrieb aus älteren Pflanzenteilen zu rechnen.

Wenn der Vegetationsbeginn in die Herbst- oder Wintermonate fällt, ist für ausreichende Lichtverhältnisse zu sorgen, damit kräftige Pflanzen heranwachsen. In diesen Fällen ist eine Zusatzbeleuchtung ratsam.

Orchideennamen

Unsere heimischen Orchideen haben ebenso wie andere Pflanzen oder Tiere einen volkstümlichen Namen, wie z.B. Spinnenblume, Frauenschuh oder Knabenkraut. Von den tropischen und subtropischen Orchideen sind uns solche Bezeichnungen nicht immer geläufig, obwohl es sie in der jeweiligen heimatlichen Landessprache oft auch gibt.

Daneben tragen alle Tiere und Pflanzen einen wissenschaftlichen zweiteiligen Namen in lateinischer Form, der sie eindeutig bezeichnet und dem eine detaillierte Beschreibung zugeordnet ist. Das Pflanzenreich ist untergliedert in folgende Hauptrangstufen und die Kategorien unterhalb der Art:

- Abteilung (*divisio*)
- Klasse (*classis*)
- Ordnung (*ordo*)
- Familie (*familia*)
- Gattung (*genus*)
- Art (*species*)
- Unterart (*subspecies*)
- Varietät (*varietas*)
- Form (*forma*)

Der Name setzt sich zusammen aus dem Namen der Gattung, dem der Name der Art folgt. Wir finden am Ende des wissenschaftlichen Namens noch den Namen des Autors, der die Beschreibung als erster vorgenommen hat. Der wissenschaftliche Name ist international gültig. Nach einer Erstbeschreibung kann sich durch weitere wissenschaftliche Bearbeitung der Gattungen oder Arten eine andere Zuordnung ergeben. Das führt zu einer Veränderung des wissenschaftlichen Namens, einschließlich des Autorennamens. Der Erstautor wird in Klammern angegeben. So kommt es, daß dieselbe Art in der Literatur unter verschiedenen wissenschaftlichen Namen geführt wird. Diese Synonyme zu kennen, ist beim Literaturstudium sehr wichtig.

So wird z. B. die wunderschöne mittelamerikanische Orchidee *Rossioglossum grande* (Lindl.) Garay et Kennedy in der älteren Literatur noch als *Odontoglossum grande* Lindl. bezeichnet.

Die Gattung *Rossioglossum* wurde später von der Gattung *Odontoglossum* abgetrennt.

Entsprechend den internationalen Regelungen für die Benennung und ihre Schreibweise dürfen Gattungsnamen und Autorennamen abgekürzt werden. Für die Abkürzung der Gattungsnamen von Orchideen sind bestimmte Buchstabenkombinationen üblich.

- Beispiel: *Odontoglossum rossii* Lindley oder *Odm. rossii* Lindl.

Sind noch Unterarten (ssp.) zu benennen, so wird der lateinische Name ergänzt.
- Beispiel: *Paphiopedilum victoria-reginae* ssp. *primulinum* (M. W. Wood et Taylor) M. W. Wood

Arten oder Unterarten können sich noch in Varietäten (var.) oder Formen (f.) unterteilen. Auch dann erhält der botanische Name eine Ergänzung.
- Beispiel: *Miltonia spectabilis* var. *moreliana* Henfr. und *Miltonia spectabilis* var. moreliana f. *atrorubens* Henfr.

Kulturvarietäten oder Sorten, die auf natürlichem generativem Wege nicht vermehrungsfähig sind, werden als Cultivar (cv.) oder durch obenstehende Einzelanführungsstriche gekennzeichnet.
- Beispiel: *Odontoglossum bictoniense* cv. Hennis Sengh., neuerdings meist *Odontoglossum bictoniense* 'Hennis'

Bei Naturhybriden wird die hybride Herkunft der Pflanze mit einem × vor dem Artnamen angegeben.
- Beispiel: *Miltonia* × bluntii Rchb. f., entstanden aus *Miltonia spectabilis* Lindl. × *Miltonia clowesii* Lindl.

Bei gärtnerischen Hybriden wird der der Art entsprechende Teil des Namens immer groß geschrieben. Der Name des Züchters und die Jahreszahl werden bei Bedarf in Klammern angefügt.
- Beispiel: *Laelia* Cinnabrosa, *Odontonia* Marie Elle (Elle 1975)

Bei der Züchtung werden Hybriden erneut gekreuzt, so daß deren Nachkommen entsprechend den Vererbungsgesetzen sehr verschiedenartig im Wuchs, vor allem aber in Blütenform und -farbe sein können. Alle Pflanzen einer Kreuzung erhalten einen gemeinsamen Namen (Grex).

Besondere, in bestimmten Eigenschaften hervorzuhebende Ausleseformen (Klone) werden zur Unterscheidung mit weiteren Namen belegt, die dem Namen des Grex bzw. dem zweiteiligen botanischen Namen (Gattungs- und Artnamen) zusätzlich angehängt und in einfache Anführungszeichen gesetzt werden. Solche Ausleseformen sind bei den Orchideen die Sorten bzw. Formen.
- Beispiel: *Vuylstekeara* Cambria 'Plush', *Vuylstekeara* Cambria 'Lensing's' Favorit', *Cymbidium* Gareth 'Latangor', *Cattleya mossiae* 'Lindens Champion'.

Diese Pflanzen können echt nur vegetativ vermehrt werden.

Sind die Hybriden durch Kreuzung von Arten verschiedener Gattungen entstanden, so wird der dem Gattungsnamen entsprechende Teil aus den Gattungsnamen der Elternpflanzen zusammengesetzt, besonders bei Kreuzungen zwischen zwei Gattungen, oder es werden eigenständige Bezeichnungen mit der Endung -ara gewählt.
- Beispiel: *Laeliocattleya* (Hybriden der Gattungen *Cattleya* und *Laelia*), *Odontocidium* (Hybriden der Gattungen *Odontoglossum* und *Oncidium*), *Vuylstekeara* (Hybriden der Gattungen *Cochlioda*, *Miltonia* und *Odontoglossum*).

Diese Grundregeln der Benennung gelten für alle Pflanzen. Jeder Orchideenfreund muß sie kennen. Nur dann kann er sich in der Literatur zutreffend informieren oder mit anderen Orchideenfreunden austauschen.

Hybriden

Neben den natürlichen Arten stehen dem Orchideenfreund in zunehmendem Maße attraktive Züchtungen zur Verfügung, die viele gute Eigenschaften der zur Züchtung verwendeten Arten in sich vereinen. Die Züchtungsarbeit hat vor allem schöne, haltbare Blüten, die sich auch als Schnittblumen eignen, zum Ziel. Daß dabei auch noch Pflanzen entstanden, deren Pflegeansprüche in weiteren Grenzen liegen als die der reinen Arten, ist ein Vorteil für den Hobbygärtner. Zeigte sich doch, daß die Hybriden für die Fensterbankkultur vielfach besser geeignet sind. Sie können sich den verschiedenen Standorten gut anpassen. Heute werden neben den Primärhybriden (Kreuzungen von Arten einer Gattung) zunehmend Mehrgattungshybriden gezüchtet (Kreuzungen von Arten verschiedener Gattungen). Spezielle Züchtungen sind für solche Orchideenfreunde gedacht, die über weniger Platz verfügen als ein Erwerbsgärtner, aber trotzdem besonders schöne, formenreiche und farbenreiche Blüten besitzen wollen. Dazu gehören vor allem kleinbleibende Pflanzen.

Mit der Meristemkultur steht den Orchideenzüchtern eine Methode zur Verfügung, hochwertige Züchtungen und besondere Ausleseformen auch dem Hobbygärtner zu erschwinglichen Preisen zugänglich zu machen.

Die folgende Zusammenstellung ist eine Auswahl der wichtigsten Hybriden, die auch für die Fensterbankkultur geeignet sind.

Bezeichnung der Hybriden	beteiligte Gattungen	wichtige Pflegehinweise und Temperaturbereiche
Aspasoglossum	*Aspasia, Odontoglossum*	temperiert, hohe Luftfeuchtigkeit
Beallara	*Brassia, Cochlioda, Miltonia, Odontoglossum*	temperiert, halbschattig, Frischluft, hohe Luftfeuchtigkeit
Brassocattleya	*Brassavola, Cattleya*	warm, hell, gute Ernährung, Ruhezeit
Brassoepidendrum	*Brassavola, Epidendrum*	temperiert, hell
Brassolaelia	*Brassavola, Laelia*	temperiert, hell
Brassolaeliocattleya	*Brassavola, Laelia, Cattleya*	warm bis temperiert, hell
Charlesworthara	*Miltonia, Cochlioda, Oncidium*	temperiert, hell, hohe Luftfeuchtigkeit
Colmanara	*Oncidium, Miltonia, Odontoglossum*	temperiert bis kalt, hohe Luftfeuchtigkeit, viel Frischluft
Doritaenopsis	*Doritis, Phalaenopsis*	warm, hell, hohe Luftfeuchtigkeit

Bezeichnung der Hybriden	beteiligte Gattungen	wichtige Pflegehinweise und Temperaturbereiche
Epicattleya	*Cattleya, Epidendrum*	temperiert, hell, viel Frischluft
Epiphronitis	*Epidendrum, Sophronitis*	temperiert, hell, viel Frischluft
Laeliocattleya	*Laelia, Cattleya*	temperiert, hell, Ruhezeit, viel Frischluft
Lowara	*Brassavola, Laelia, Sophronitis*	temperiert, hell, Ruhezeit, viel Frischluft
Miltassia	*Miltonia, Brassia*	temperiert, nicht zu hell
Miltonidium	*Miltonia, Oncidium*	temperiert, kleine Pflanzgefäße, hohe Luftfeuchtigkeit, Frischluft
Miltonioda	*Miltonia, Cochlioda*	temperiert, hell, viel Frischluft, hohe Luftfeuchtigkeit, Ruhezeit
Odontioda	*Cochlioda, Odontoglossum*	temperiert, kleine Pflanzgefäße, viel Frischluft, hohe Luftfeuchtigkeit
Odontocidium	*Oncidium, Odontoglossum*	temperiert bis kühl, kleine Pflanzgefäße, viel Frischluft, hohe Luftfeuchtigkeit
Odontonia	*Odontoglossum, Miltonia*	temperiert bis kühl, kleine Pflanzgefäße, viel Frischluft, hohe Luftfeuchtigkeit
Potinara	*Brassavola, Cattleya, Laelia, Sophronitis*	hell, hohe Luftfeuchtigkeit, Ruhezeit
Rolfeara	*Brassavola, Cattleya, Sophronitis*	temperiert, hell, hohe Luftfeuchtigkeit, Ruhezeit
Rothara	*Brassavola, Cattleya, Sophronitis, Epidendrum, Laelia*	temperiert, hell, hohe Luftfeuchtigkeit, Ruhezeit
Sanderara	*Brassia, Cochlioda, Odontoglossum*	temperiert, hell, hohe Luftfeuchtigkeit, viel Frischluft, Ruhezeit
Sophrolaelia	*Laelia, Sophronitis*	temperiert, hell, hohe Luftfeuchtigkeit, Ruhezeit
Sophrolaeliocattleya	*Cattleya, Laelia, Sophronitis*	temperiert, hell, hohe Luftfeuchtigkeit, Ruhezeit
Vuylstekeara	*Cochlioda, Miltonia, Odontoglossum*	temperiert bis kühl, kleine Pflanzgefäße, viel Frischluft, hohe Luftfeuchtigkeit, Ruhezeit
Wilsonara	*Cochlioda, Odontoglossum, Oncidium*	temperiert bis kühl, hell, Frischluft, Ruhezeit
Yamadara	*Brassavola, Cattleya, Epidendrum, Laelia*	temperiert bis warm, hell, kleine Pflanzgefäße, hohe Luftfeuchtigkeit, Ruhezeit

Orchideen für die Fensterbank

In diesem Teil werden Orchideen vorgestellt, über die Erfahrungen mit der Fensterbankkultur vorliegen, d.h. die prinzipiell für die Fensterbankkultur geeignet sind.

Es werden wichtige Gattungen, Arten, Primärhybriden und Mehrgattungshybriden vorgestellt und beschrieben.

Bei der Bezeichnung der Pflanzen wurde den neueren Erkenntnissen Rechnung getragen. Es wurden die wissenschaftlichen Bezeichnungen gewählt, wie sie jetzt in die einschlägige Fachliteratur Eingang gefunden haben. Die wichtigsten Synonyme sind zusätzlich angegeben.

Bifrenaria Lindl.

Zur Gattung *Bifrenaria* gehören etwa 25 Arten, die in Südamerika (Brasilien, Venezuela, Guayana, Trinidad) epiphytisch oder lithophytisch wachsen.

Es sind einblättrige, sympodiale Pflanzen mit eng stehenden, kantigen Pseudobulben. Die wenigblütigen Infloreszenzen sind kurzstielig. Die Blüten sind sehr ansehnlich, relativ groß und haltbar, eignen sich jedoch kaum als Schnittblumen. Die äußeren Tepalen sind zu einem kurzen Sporn verwachsen.

Bei der Fensterbankkultur ist *Bifrenaria harrisoniae* schon seit langem beliebt. Es ist eine robuste Art, die jedoch durch zuviel Feuchtigkeit geschädigt werden kann. Bifrenarien sind möglichst hell, aber nicht zu warm zu pflegen. Sie brauchen viel Frischluft. Gut geeignet sind Ost- oder Westfenster.

Bifrenarien sind eng verwandt mit *Lycaste* und *Maxillaria*. In der Züchtung spielte *Bifrenaria* bisher keine Rolle.

Bifrenaria harrisoniae (Hook.) Rchb. f. lebt bevorzugt lithophytisch an sonnigen Felsabhängen im Nebelwaldbereich in Brasilien. Die bis 8 cm hohen, ovalen, kantigen Pseudobulben tragen ein derbes, bis zu 30 cm langes und etwa 12 cm breites Blatt. Ein dunkler Ring am oberen Ende der Pseudobulbe hebt den Blattansatz hervor. Die Oberfläche der Pseudobulben ist rauh. Der mehrblütige Blütenstand bildet sich an den vorjährigen Pseudobulben, trägt bis zu drei Einzelblüten und wird nur etwa 10 cm hoch. Die 7 bis 9 cm breiten Blüten sehen wachsartig aus und duften stark. Zu den cremefarbigen, breiten Tepalen bildet die weinrote, dreilappige Lippe, die mit hellen Haaren besetzt ist und eine orangegelbe Schwiele hat, einen auffallenden Farbkontrast. Die Blüten halten an der Pflanze bis zu vier Wochen. Die Art ist sehr variabel. Bedeutungsvoll ist vor allem eine weißblühende Varietät.

Kultur: *Bifrenaria harrisoniae* ist in der Wachstumsperiode temperiert bis warm (20 bis 22° C) bei mäßiger Luftfeuchtigkeit und an sehr hellem, sonnigem Standort zu pflegen. Die pralle Mittagssonne ist von den Pflanzen fernzuhalten. Die Ballenfeuchtigkeit darf nicht zu hoch sein, da die fleischigen Wurzeln einen hohen Luftbedarf haben. Das ist bei der Pflanzstoffmischung zu beachten. Nach dem Ausreifen der Triebe ist eine ausgeprägte mehrwöchige Ruhezeit mit Temperaturabsenkung auf etwa 10 °C einzuhalten, während der an der vorjährigen Pseudobulbe (!) die Blütentriebe gebildet werden. In dieser Zeit ist die Ballenfeuchtigkeit weitgehend zu reduzieren. Wird die Ruhezeit nicht eingehalten, treiben die Pflanzen, ohne zu blühen, durch. Die Wassergaben sind nun besonders vorsichtig zu dosieren. Bei zu hoher Feuchtigkeit faulen Wurzeln, Pseudobulben, Neutriebe und Blütentriebe schnell aus, die Blätter werden schwarzfleckig. Insgesamt wachsen die Pflanzen unter Zimmerbedingungen willig, wenn nicht zu häufig gesprüht oder überbraust wird. Es ist immer dafür zu sorgen, daß die Pflanzen abtrocknen können. Für eine Blattdüngung während der Triebzeit sind sie dankbar. Ein Standort über Heizkörpern, der direkten Wärmeeinwirkung ausgesetzt, ist für diese Art nicht geeignet. Ost- oder Westfenster können empfohlen werden.

Bifrenaria atripurpurea Lindl. kann ebenfalls im Zimmer kultiviert werden. Die weinroten Blüten sind etwa 5 cm breit, die Pseudobulben etwa 7 cm hoch, und das Blatt ist 25 cm lang. Sie will jedoch schattiger stehen und verträgt auch einen etwas feuchter bleibenden Pflanzstoff.

Calanthe R. Br.

Die etwa 150 Arten der Gattung *Calanthe* haben ein für Orchideen auffallend großes Verbreitungsgebiet, das sowohl das tropische Asien (Burma, Vietnam, Thailand, Indonesien, Indien, Südjapan und China), Australien, Südafrika und Madagaskar als auch Mittelamerika (Mexiko) umfaßt. Sie leben lithophytisch oder terrestrisch. Wir unterscheiden die Untergattungen *Eucalanthe* und *Preptanthe*, die sowohl im Aufbau der Sprosse als auch in den Lebensansprüchen verschieden sind.

Eucalanthe hat stammähnliche Pseudobulben mit ausdauernden Blättern, zwischen denen sich die Blütenstände entwickeln. Sie leben terrestrisch auf schweren Böden.

Preptanthe entwickelt kräftige, birnenförmige Pseudobulben mit relativ großen Blättern, die in der trockenen, kühlen Ruhezeit abgeworfen werden. Sie bevorzugt humusreiche Standorte auf Kalkfelsen und entwickelt ihre Blütentriebe am Grunde der ausgereiften Pseudobulben.

Die Blütenstände von *Calanthe* sind mehrblütige Trauben, die aufrecht stehen oder überhängen. Sie sind als Schnittblumen geeignet. *Calanthe* sind temperiert bis warm zu pflegen. Sie benötigen einen schattigen Standort und nährstoffreiche Pflanzstoffe sowie in der Triebperiode genügend Luftfeuchtigkeit. *Preptanthe* brauchen nach der Blütezeit eine trockene, kühle Ruheperiode von 10 bis 15 °C.

Für die Zimmerkultur sind vor allem *Preptanthe* gut geeignet. Interessant ist, daß die ersten künstlichen Orchideenhybriden 1854 innerhalb der Gattung *Calanthe* entstanden.

Calanthe sind eng verwandt mit den Gattungen *Bletia*, *Chysis* und *Phajus*.

Untergattung **Preptanthe**

Calanthe vestita Lindl. kommt aus Burma, Vietnam und vom Malaiischen Archipel (Sumatera, Kalimantan). Sie wächst dort lithophytisch auf humusbedeckten, moosigen Kalkfelsen. Ihre dicken, birnenförmigen Pseudobulben werden bis zu 15 cm hoch und haben eine silbrig-grau schimmernde Oberfläche. Auf jeder Pseudobulbe stehen mehrere Blätter, bis zu 60 cm lang und 15 cm breit. Die Pseudobulbe ist von Niederblättern umgeben, die laubblattartig entwickelt sind. Die Blätter werden nach Triebabschluß abgeworfen. Am Grund der Pseudobulben entwickelt sich ein bis zu 100 cm langer, behaarter Blütenstand mit bis zu 40 Einzelblüten von 6 bis 8 cm Größe. Die Tepalen sind weiß, am Rande behaart. Die Lippe ist vierlappig mit einem roten Schlund. Ein grüner Sporn ist fadenförmig nach unten gebogen. Der Blütenstiel ist mit Hochblättern (Brakteen) besetzt, in deren Achseln die Blüten stehen. Die Einzelblüten öffnen sich nacheinander und halten jeweils etwa 20 Tage, so daß bei starken Blütenständen wochenlange Blühzeiten erreicht werden.

Calanthe vestita var. *regnieri* (Rchb. f.) Veitch hat weiße bis rosarote Tepalen. Die Lippe ist weitgehend rosa gefärbt.

Calanthe vestita ist als Schnittblume geeignet.

Kultur: *Calanthe vestita* ist in einem humusreichen Pflanzstoff zu pflegen, dem einige Kalkbrocken zuzusetzen sind. In der Vegetationszeit sind die Pflanzen temperiert bis warm (zwischen 18 und 25 °C) und hell, ohne direkte Sonneneinstrahlung, zu pflegen. Die Neutriebe entwickeln sich an der Basis der Pseudobulbe. Gedüngt wird, wenn sich die Pseudobulben ausbilden. Die Blütentriebe entwickeln sich mit dem Ausreifen der Pseudobulben. Haben die Pflanzen nach der Blüte die Blätter abgeworfen und die Wurzeln eingezogen, werden sie bei etwa 10 bis 15 °C völlig trocken gehalten. Im allgemeinen wird empfohlen, die Pseudobulben während dieser Ruheperiode aus dem Pflanzstoff herauszunehmen und erst bei Triebbeginn wieder einzeln einzupflanzen. Aber auch im weitgehend trockenen Pflanzstoff überdauern sie die Ruhezeit gut und müssen nicht unbedingt verpflanzt, geteilt bzw. vereinzelt werden. Während der Ruhezeit wird der Pflanzstoff gelegentlich leicht angefeuchtet, damit die Pflanzen nicht zu stark austrocknen. Nicht mehr benötigte Pseudobulben trocknen mit der Zeit ein und können leicht entfernt werden. In der Triebzeit ist der Pflanzstoff nicht zu naß zu halten, da sonst die Wurzeln absterben. Es muß also ein guter Wasserabzug gesichert sein. Die Pflanzgefäße sollten möglichst klein sein.

Die Blätter von *Calanthe vestita* sind sehr feuchtigkeitsempfindlich. Sie bekommen leicht schwarze Flecken und werden unansehnlich. Im Blattbereich darf also nur selten gesprüht werden.

Calanthe rosea (Lindl.) Benth. aus Thailand und Burma entwickelt bis zu 12 cm hohe, dicke, ei- bis birnenförmige Pseudobulben und einen 50 cm langen Blütenstand, der fein behaart ist. Die Einzelblüten sind dunkelrosa und bis zu 5 cm groß.

Kultur: Wie *Calanthe vestita*

Untergattung **Eucalanthe**

Calanthe triplicata (Willem.) Ames, Syn.: Calanthe veratrifolia (Willd.) R. Br., ist eine Art, die von Australien über Südindien bis nach Japan weit verbreitet ist. Auf stammähnlichen, schlanken Pseudobulben stehen haltbare Blätter. Der Blütenstand entwickelt sich zwischen den Blättern und wird bis zu 80 cm hoch. Die bis zu 5 cm großen Einzelblüten stehen dicht beieinander und sind weiß. Die Lippe ist mit orangegelben Punkten gezeichnet.

Kultur: Die Arten der Untergattung *Eucalanthe* sind gleichmäßig feucht, ohne besondere Ruhezeit, an einem schattigen Standort zu pflegen. Dem Pflanzstoff sind erdige oder lehmige Bestandteile beizumischen. Auch hier muß ständige Nässe vermieden werden. Die Pflanzen sind temperiert zu halten.

Cattleya Lindl.

Cattleyen sind wohl die populärsten Orchideen. Ihre großblütigen Vertreter mit der charakteristischen tütenförmigen Lippe, sternförmig eingerahmt von den Tepalen, sind bei vielen als kostbare Schnittblumen bekannt. Aber nicht alle der 50 bis 60 Arten dieser Gattung haben derartig große Einzelblüten, sehr farbenprächtig sind sie jedoch alle.

Cattleyen sind in weiten Gebieten Mittel- und Südamerikas sowie auf den Karibischen Inseln verbreitet. Sie leben epiphytisch oder lithophytisch in sehr unterschiedlichen Höhenlagen. Manche Arten sind in etwa 2 000 m Höhe zu finden. So gibt es die Auswahl zwischen warm oder temperiert zu pflegenden Arten.

Für die Zimmerpflege gut geeignet sind vor allem die zweiblättrigen und einblättrigen Arten, die temperierte Ansprüche stellen. Die generell warm zu pflegenden Arten, etwa *Cattleya dowiana*, sind für die Fensterbankkultur zu empfindlich und nicht zu empfehlen, obwohl ihre leuchtenden Blüten dazu verführen. Alle Cattleyen sind sympodiale Pflanzen mit mehrgliedrigen, spindelförmigen Pseudobulben, die während der Wachstumsperiode von Niederblättern umgeben sind. Nach dem Ausreifen trocknen die Niederblätter ab und bilden eine hell schimmernde Hülle. Die Pseudobulben sind am Grunde verjüngt und in der Mitte oder im oberen Drittel am dicksten. Auf den Pseudobulben stehen die ledrigen, derben Blätter. Ihre Blütentriebe bilden die Cattleyen in der am Blattgrund stehenden Blütenscheide (Spatha) mit der Ausbildung der Sprosse (meist bei zweiblättrigen Arten) oder nach einer Ruheperiode mit deutlicher Temperaturabsenkung (bevorzugt bei den einblättrigen Arten). Demzufolge ist die Blütezeit der einzelnen Arten sehr verschieden. Ebenso unterschiedlich ist bei den Cattleyen der Zeitpunkt der Wurzelbildung. Manche Cattleyen zeigen mit der Wurzelbildung den Triebbeginn an, andere bilden erst dann Wurzeln, wenn der Neutrieb eine gewisse Größe erreicht hat. Alle Cattleyen brauchen einen möglichst hellen Standort (siehe Blatthabitus) und einen Pflanzstoff mit guter Wasserabführung, da die dickfleischigen Wurzeln sehr luftbedürftig sind. Darüber hinaus muß der Pflanzstoff den oft großen Pflanzen genügend Nährstoffe zuführen und ihnen einen sicheren Halt geben. Zur Blütenbildung und -entfaltung ist viel Licht erforderlich, da sich die Blüten bei Lichtmangel nicht oder nicht vollständig öffnen und die Farben verwaschen bleiben. In der Triebperiode sind schattierte Südfenster, Ost- und Westfenster geeignet, in der Ruhezeit Ost- und Westfenster kühler Räume. Das bei der Pflege einzuhaltende Temperaturregime richtet sich danach, welche Bedingungen zur Blüteninduktion notwendig sind.

Zusammen mit *Laelia, Sophronitis, Brassavola, Epidendrum, Schomburgkia* sind Cattleyen Ausgangspunkt für viele wunderschöne Hybriden in verschiedenen Formen, Farben und Größen. Diese sind sowohl für den Erwerbsgärtner als auch für den Orchideenliebhaber interessant und geeignet. Oftmals sind Hybriden leichter zu pflegen und wuchsfreudiger als die reinen Arten, die zum Blühen und Gedeihen oft ganz spezifische Bedingungen brauchen.

Zweiblättrige Arten

Cattleya aclandiae Lindl. aus Brasilien ist eine kleinbleibende Art mit etwa 8 cm hohen Pseudobulben, auf denen die etwa 10 cm großen, wachsartigen, duftenden Blüten stehen. Die Tepalen sind gelbgrün mit purpurfarbenen Punkten. Die tief dreilappige Lippe ist zartrosa gefärbt. Die Ränder der Lippe sind nicht über die Säule geschlagen. Blütezeit ist im Anschluß an die Wachstumsperiode.

Cattleya aurantiaca (Batem. ex Lindl.) P. N. Don lebt epiphytisch oder lithophytisch in Mittelamerika (Mexiko, Guatemala, El Salvador, Honduras). Auf etwa 40 cm hohen, schlanken Pseudobulben stehen zwei 10 bis 15 cm lange Blätter. Dazwischen entwickelt sich ein vielblütiger Blütenstand mit leuchtend orange- bis lachsfarbenen, etwa 3 cm großen Einzelblüten, deren Lippe oftmals eine dunklere Zeichnung aufweist. Die Art ist in Form und Farbe der Blüten sehr variabel. Bei manchen Pflanzen öffnen sich die Blüten nicht vollständig (Kleistogamie). Die Blüten entwickeln sich im Anschluß an die Triebperiode.

Cattleya bowringiana Veitch stammt aus Guatemala und Honduras. Ihre Pseudobulben werden bis zu 50 cm hoch. Die Infloreszenz entwickelt bis zu 20 Einzelblüten, die etwa 6 cm groß werden. Alle Blütenblätter sind purpurfarben. Der Schlund der Lippe ist hellgelb, der Vorderlappen dunkelrot. Diese Art blüht unmittelbar nach der Ausbildung der Pseudobulben ohne Ruhezeit.

Cattleya forbesii Lindl. ist in Brasilien beheimatet und treibt bis 20 cm hohe, dünne, schlanke Pseudobulben. Am Blütenstand stehen bis zu fünf Einzelblüten, die 10 cm breit werden können und an der Pflanze etwa 20 Tage halten. Die Tepalen sind gelbgrün, die Lippe ist gelb mit roten Adern und weißlichem, gewelltem Mittellappen. Die Blüten entwickeln sich mit dem Ausreifen der Pseudobulben.

Cattleya guttata Lindl. stammt ebenfalls aus Brasilien und trägt auf 50 cm hohen Pseudobulben bis zu zehn Einzelblüten, die 10 cm groß werden können. Die Tepalen sind gelblichgrün mit roten Flecken. Die Lippe ist weiß bis rosa mit geflecktem Mittellappen. Die Blüten bilden sich vor der Ruheperiode aus.

Cattleya harrisoniana Batem. ex Lindl. aus Brasilien entwickelt 60 cm hohe Pseudobulben. Der Blütenstand kann bis zu sechs 10 cm große Einzelblüten tragen. Die Tepalen sind lilarosa. Die Lippe hat einen gelblichen Mittelfleck und einen gekräuselten Rand. Die Blüten entwickeln sich vor der Ruheperiode.

Cattleya intermedia Grah. ist eine leichtwachsende Art aus Brasilien, Paraguay und Uruguay. Ihre Pseudobulben werden bis zu 35 cm hoch. Zwischen den 15 cm langen und 4 cm breiten Blättern entfaltet sich ein Blütenstand mit bis zu sechs 12 cm großen Blüten. Die Tepalen sind zartrosa, die inneren Tepalen am Rande gewellt. Die Lippe hat einen purpurroten, gewellten Mittellappen, sie ist am Schlund blaßrosa und etwas gelblich. Die Blüten halten etwa zehn Tage und duften zart. Charakteristisch für *Cattleya intermedia* ist ein leicht gezähnter Blattrand in der Nähe des Blattgrundes. Die Art blüht unmittelbar nach Triebabschluß. Sie ist für die Fensterbankkultur gut geeignet. Von *Cattleya intermedia* gibt es viele Varietäten. Attraktiv sind vor allem *Cattleya intermedia* var. *alba* mit weißen Blüten und *Cattleya intermedia* var. *amethystina* mit weißen, rosa überlaufenen und leicht gesprenkelten Tepalen und kräftig purpurfarbenem Lippenfleck.

Cattleya skinneri Batem. ist in Mittelamerika (Mexiko, Guatemala, El Salvador, Honduras, Kostarika) zu Hause, hat bis zu 30 cm hohe Pseudobulben und entwikkelt bis zu 15 Einzelblüten, die 10 cm groß werden können. Ihre Tepalen sind purpurfarben. Die Lippe ist tütenförmig, purpurn, im Schlund gelblichweiß und an der Spitze tiefpurpurrot. Die Blütenbildung erfolgt am Ende der Ruheperiode.

Einblättrige Arten

Cattleya labiata Lindl. ist wohl die bekannteste Cattleya, da auf sie sehr viele Hybriden zurückzuführen sind. Die einblättrigen Pseudobulben werden bis zu 30 cm hoch. An dem Blütenstand entfalten sich bis zu fünf Einzelblüten, die über 20 cm groß werden können und etwa 20 Tage geöffnet bleiben. Die Tepalen sind zartrosa, die Lippe ist purpurviolett bis dunkelrosa mit dunkelpurpurnem, dreieckigem Fleck und orangerot gestreiftem Schlund. Dazwischen befinden sich zwei gelbe seitliche Flecken. Der Rand ist gekräuselt. Die Art ist sehr variabel. Sie benötigt zur Blütenbildung eine Ruheperiode.

Cattleya trianae Linden et Rchb. f. stammt aus Kolumbien, hat 30 cm hohe Pseudobulben und entwickelt bis zu drei Blüten von 20 cm Größe, die angenehm duften. Die Tepalen sind zartrosa. Die Lippe ist groß, gefranst, samtig und purpurfarben mit gelbem, orange gestreiftem Schlund. Zur Blüteninduktion ist eine Ruheperiode erforderlich.

Cattleya warscewiczii Rchb. f., Syn.: Cattleya gigas, kommt ebenfalls aus Kolumbien. Sie hat 20 cm hohe, kräftige Pseudobulben und zwei bis acht etwa 20 cm große Blüten. Ihre Tepalen sind lilarosa. Die Lippe ist gefranst und gewellt, purpurfarben mit dunklen Adern und zwei gelben Flecken am Schlundeingang. Ihre Blüten entwickelt sie mit dem Ausreifen des Triebes.

Kultur: Alle Cattleyen sind temperiert bis warm bei 20 bis 25 °C sehr hell (siehe Blatthabitus), aber vor der Mittagssonne geschützt zu pflegen. In der Wachstumszeit ist der Feuchtigkeitsbedarf sehr hoch. Bei relativ hoher Luftfeuchtigkeit, guter Ernährung und viel Frischluft entwickeln sich kräftige Pflanzen. Vor zu großer Nässe im Pflanzstoff muß gewarnt werden, da auch die Wurzeln einen erheblichen Luftbedarf haben. Bei stark verrottetem Pflanzstoff sterben die Wurzeln bald ab. In der Zimmerkultur hat sich ein Pflanzstoff mit hohem Anteil von Kiefernrinde und Farnwurzeln, aber mit nur wenig Sumpfmoos gut bewährt. Dadurch ist eine gute Dränage und ein hoher Luftanteil gesichert. Vor oder nach dem Blühen ist artspezifisch eine Ruhezeit einzuhalten, die nur bei wenigen Arten unterbleiben kann.

Blüten entwickeln sich bei den meisten einblättrigen Cattleyen erst nach der Ruhezeit bei abgesenkten Temperaturen (12 bis 15 °C) und reduzierten Wassergaben. Die meisten zweiblättrigen Cattleyen beginnen ihre Ruhezeit dagegen erst nach dem Abblühen, wobei diese nur durch reduzierte Temperaturen und Wassergaben anzudeuten ist. Auch während der Ruhezeit wollen alle Cattleyen sehr hell stehen. Die Wassergaben dürfen nur so weit vermindert werden, daß die Pseudobulben nicht schrumpfen. Diese Bedingungen sind bei der Fensterbankkultur relativ leicht einhaltbar. Gegossen wird erst dann wieder, wenn sich der Neutrieb zeigt (Ausbildung erster Wurzeln oder Anschwellen des Triebes). Gleichzeitig wird die Raumtemperatur erhöht. Während der Triebzeit müssen Cattleyen immer sehr hell gehalten werden. Das ist vor allem für die Pflanzen sehr wichtig, die in den sonnenarmen Monaten Neutriebe bilden. Cattleyen sind möglichst wenig zu teilen, damit kräftige Pflanzen heranwachsen, die erst dann gut und regelmäßig blühen. Ein entsprechend großer Platzbedarf ist einzuplanen.

Die Einzelblüten sind zwei bis vier Wochen haltbar. Kleinere Pflanzen werden durch die lange Blütezeit und die relativ großen Blüten leicht geschwächt, so daß der anschließende Neutrieb keine Blüten hervorbringen kann. Zweiblättrige Cattleyen bilden häufig einen nichtblühenden zweiten Trieb aus, der meist der Kräftigung der Pflanze dient. Bei sehr starken Pflanzen kann auch dieser zweite Trieb (meist ein Sommertrieb) regelmäßig blühen. Unter den Cattleyen sind auch Arten bekannt, die generell warm zu pflegen sind und keine Ruhezeit einhalten. Diese sind in der Zimmerkultur schwierig zu halten. Cattleyen sind meist gute, haltbare Schnittblumen. Sie sind erst dann zu schneiden, wenn sie voll aufgeblüht sind (drei bis fünf Tage nach dem Öffnen der Blüte).

Folgende Hybriden sind für die Fensterbankkultur gut geeignet:
Laeliocattleya elegans × **Cattleya Fabianid.** Auf ihren schmalen, etwa 25 cm hohen Pseudobulben stehen zwei kräftige, 15 cm lange und 5 cm breite, ledrige Blätter. Der Blütenstand erscheint unmittelbar nach Triebabschluß mit meist zwei 14 cm großen Blüten. Die Tepalen sind zartrosa, die Lippe ist gekräuselt und hat einen kräftig purpurroten Mittelfleck und zwei seitliche gelbe Flecken.
Kultur: Die Pflanze braucht nach der Blütezeit eine Ruheperiode. Sie bringt sowohl einen Sommer- als auch einen Wintertrieb hervor, die beide blühen können, der Sommertrieb in kräftigeren Farben als der Wintertrieb.
Cattleya Gisela Schmidt n. r. Ihre kräftigen, 50 cm hohen Pseudobulben tragen zwei derbe, ledrige, etwa 15 cm lange und 6 cm breite Blätter. Unmittelbar nach Triebabschluß erscheint der Blütenstand mit zwei bis drei 13 cm großen Blüten. Die Tepalen sind weiß. Die ebenfalls weiße Lippe ist zart gelbgrün überhaucht und hat einen gekräuselten Rand. Die Blüten eignen sich zum Schnitt.
Kultur: Während der Wachstumszeit muß die Pflanze sehr hell stehen. Sie verlangt eine hohe Luftfeuchtigkeit und eine gute Düngung. Nach der Blütezeit, die etwa drei Wochen dauert, folgt eine Ruhezeit mit Temperaturen von 15 bis 18 °C und reduzierten Wassergaben.
Laeliocattleya Max und Moritz. Die etwa 25 cm hohen, kräftigen Pseudobulben haben ein derbes, ledriges Blatt von 20 cm Länge. Der Blütenstand bildet sich am Ende der Wachstumsperiode und trägt bis zu drei Blüten von 11 cm Größe. Die Tepalen sind anfangs leuchtend gelb, werden aber später weiß. Die gelbe Lippe hat einen purpurfarbenen Vorderfleck. Die Blüten halten an der Pflanze vier bis fünf Wochen.
Kultur: Die Pflanze muß während der Wachstumszeit sehr hell und warm (etwa 20 bis 25 °C) stehen und gut ernährt werden. Nach der Blütezeit ist eine Ruheperiode bei etwa 15 bis 18 °C einzuhalten.
Laeliocattleya Rheinnixe. Sie hat kräftige, 20 cm hohe Pseudobulben mit einem derben, 30 cm langen Blatt. Die Blütentriebe erscheinen bei Triebabschluß. Sie tragen bis zu drei Einzelblüten von 15 cm Größe. Die Tepalen sind kräftig rosa. Die Lippe ist groß und gekräuselt, vorn dunkelviolett und hat einen gelben, orange gestreiften Schlund.
Kultur: Die Pflanze muß in der Wachstumsperiode sehr hell und warm gehalten und gut gedüngt werden. Nach der Blütezeit folgt eine Ruheperiode bei 15 bis 18 °C, bis der Neutrieb erscheint.

Coelogyne Lindl.
Eine ganze Reihe der etwa 200 Arten dieser Gattung sind für die Zimmerkultur gut geeignet. Es sind epiphytische oder lithophytische Orchideen von den Südhängen des Himalaja und den Monsungebieten Südostasiens. Im Himalaja kommen einige Arten bis in 3 000 m Höhe vor.
Entsprechend ihrer Herkunft gibt es Arten, die kalt, temperiert oder warm zu pflegen sind. Der sympodiale Sproßaufbau ist sehr unterschiedlich. Wir kennen fast zwergige, zierliche, aber auch umfangreiche, kräftige Pflanzen, die ein- oder zweiblättrig sein können. Ihre Blütenstände sind endständig, wenig- oder vielblütig und bilden sich entweder nach Triebabschluß oder mit den Neutrieben aus. Sie stehen zwischen den Blättern oder auf gesonderten Kurztrieben. Die Wurzeln der Coelogynen haben einen hohen Luftbedarf. Das ist bei der Pflanzstoffmischung zu beachten. Kleinere Arten lassen sich am besten am Block kultivieren. Der Standort soll möglichst hell, luftig und sonnig sein. Nur vor direkter Mittagssone sind die Pflanzen zu schützen. Der Pflanzstoff darf nie zu feucht gehalten werden.
Als Schnittorchidee ist *Coelogyne cristata* im Erwerbsgartenbau heute von anderen, ertragreicheren Orchideen weitgehend verdrängt worden. Für den Orchideenfreund ist sie aber eine begehrte Pflanze geblieben. Sehr oft wird sie als gut geeignet für die Fensterbank bezeichnet, erwies sich aber in vielen Fällen als sehr heikel, vor allem in der gleichmäßigen Wärme moderner, fernbeheizter Wohnungen. Für solche Fensterbänke sind die Coelogynen besser geeignet, die eine gleichmäßigere Temperaturführung verlangen, wie z. B. *Coelogyne massangeana*.
Züchtungen sind bekannt, aber ohne größere Bedeutung.
Coelogyne cristata Lindl. ist eine Bergorchidee aus dem Himalaja (Sikkim, Bhutan). Sie bewohnt moosige Felsen bis in 2 300 m Höhe. Die Pseudobulben sind dunkelgrün, kräftig, oval und bis zu 5 cm hoch. Auf den Pseudobulben stehen zwei lanzettliche, dunkelgrüne Blätter von 20 cm Länge und 2,5 cm Breite. Der Blütenstand entwickelt sich nach dem Ausreifen des Neutriebes auf einem gesonderten Kurztrieb und trägt bis zu acht Blüten, die angenehm duften und fast 10 cm groß werden. Die Tepalen sind rein weiß. Die gleichfalls weiße Lippe ist mit fünf gelben Kämmen und einem orangegelben Fleck am Grunde gezeichnet. Die Haltbarkeit der Blüten ist temperaturabhängig und kann bis zu vier Wochen betragen. Sie sind als Schnittblumen geeignet.
Kultur: Als Bergorchidee ist *Coelogyne cristata* kalt bis temperiert zu halten. In der Wachstumsperiode sollen die Pflanzen sehr hell stehen und gleichmäßig mit Feuchtigkeit und Nährstoffen versorgt werden. Direktes Sonnenlicht, auch in den Mittagsstunden, fördert in dieser Zeit das Heranwachsen kräftiger Pflanzen.
Für die Sommermonate bis in den Herbst ist die Kultur im Freien, auf dem Balkon oder im Garten zu empfehlen. Zur Ausbildung des Blütentriebes ist nach dem Ausreifen der Pseudobulben eine ausgeprägte Ruhezeit mit deutlicher Temperaturabsenkung einzuhalten. Während dieser Zeit sind die Pflanzen hell und trockener zu halten. *Coelogyne cristata* ist für die Zimmerkultur gut geeignet. Wenn ihre Ansprüche erfüllt werden, bildet sie an kräftigen Pflanzen einen überreichen Blütenflor. Sagen die Kulturbedingungen nicht zu (z.B. ständig warm, zu wenig Licht), so werden keine Blüten ausgebildet. Der Pflanzstoff ist so zu wählen, daß stehende Feuchtigkeit die Wurzeln nicht schädigen kann. Für eine gute Dränage ist zu sorgen.

Coelogyne fimbriata Lindl. ist eine kleine, epiphytisch wachsende Orchidee aus Südchina, dem Himalaja und Thailand. Sie hat kleine, eiförmige, etwa 2 bis 3 cm hohe Pseudobulben, auf denen zwei ovale, etwa 3 cm lange Blätter stehen. Der Blütenstand entwickelt sich zwischen den Blättern und trägt bis zu drei etwa 3,5 cm breite Blüten, die sich nacheinander öffnen. Die Tepalen sind grünlichgelb, die inneren Tepalen sehr schmal. Die Lippe ist mit braunen Kämmen und einem dunklen Fleck am Grunde gezeichnet. Die Blüten halten etwa zwei Wochen.
Kultur: Auch unter Zimmerbedingungen ist diese Art für eine Kultur am Block gut geeignet. Die Pflanze ist temperiert und hell zu pflegen, ohne eine ausgeprägte Ruhezeit. Es empfiehlt sich, die Pflanze täglich zu übersprühen oder zu überbrausen. In der Vegetationsperiode ist sie regelmäßig zu düngen. *Coelogyne fimbriata* ist in der Lage, auch unter diesen Bedingungen in einem Jahr zwei Vegetationszyklen abzuschließen, und kommt regelmäßig zur Blüte. Bei starken Pflanzen sind lang andauernde Blühperioden möglich.
Coelogyne massangeana Rchb. f. wächst epiphytisch in den tropischen Wäldern des Malaiischen Archipels (Sumatra, Kalimantan, Jawa) und Thailands mit kräftigen, eiförmig-länglichen, 10 cm hohen Pseudobulben. Die großen Blätter werden bis zu 50 cm lang und 12 cm breit. Nach dem Ausreifen des Neutriebes bilden sich bis zu 60 cm lange, hängende Blütentrauben mit 20 bis 25 Einzelblüten. Die etwa 7 cm großen Blüten sind zweizeilig angeordnet und duften schwach. Die äußeren Tepalen sind länglich, die inneren lanzettlich, alle ockergelb mit deutlichen Längsnerven. Die Lippe hat einen cremegelben Vorderlappen mit braunen Kämmen und Flecken. Ihre braunen Seitenlappen sind weiß geadert. Die Blüten halten sich an der Pflanze zwei bis drei Wochen. Sie sind nicht zum Schnitt geeignet.
Kultur: Die Pflanze muß temperiert bis warm an einem möglichst hellen Standort gepflegt werden. Die Ruhezeit ist nicht ausgeprägt. Lichtmangel führt zu langen, schmalen Pseudobulben und Blättern, die Blütenbildung wird verhindert. Zu starke Sonneneinstrahlung schädigt die Blätter. Mittagssonne ist deshalb zu vermeiden. Der Pflanzstoff soll gut luftdurchlässig sein, damit die Wurzeln nicht vorzeitig absterben. Krasse tägliche Temperaturunterschiede sind zu vermeiden. In der Wachstumsperiode sind die Pflanzen für regelmäßiges Übersprühen, Tauchen und auch Düngen dankbar. Auch in Hydrokultur können sie erfolgreich gepflegt werden. Dabei wachsen die Wurzeln in die schwache Nährlösung ein, ohne Schaden zu nehmen. Starke Pflanzen bilden an jeder Pseudobulbe zwei Neutriebe, entwickeln sich üppig und blühen sehr reichlich. Natürlich ist dafür viel Platz erforderlich. Diese Pflanze ist für die Fensterbankkultur gut geeignet und paßt sich auch unterschiedlichen Bedingungen an.
Coelogyne ovalis Lindl. stammt aus dem Himalaja (Nepal, Burma) und Thailand. Sie wächst dort epiphytisch. Ihre zylindrischen Pseudobulben werden bis zu 8 cm hoch und tragen zwei etwa 12 cm lange und 3 cm breite Blätter. Der Blütenstand bildet sich unmittelbar nach der Wachstumsperiode zwischen den Blättern. Er trägt bis zu fünf etwa 5 cm große Blüten, die sich nacheinander öffnen und zart duften. Blütenform und -farbe sind der *Coelogyne fimbriata* sehr ähnlich. Die Blüten sind jedoch wesentlich größer und halten acht bis zehn Tage.
Kultur: Temperiert am Block wie *Coelogyne fimbriata*

Coelogyne speciosa (Bl.) Lindl. ist eine epiphytisch wachsende Art vom Malaiischen Archipel (Jawa, Sumatera, Sundainseln). Ihre Pseudobulben sind oval, kantig und bis zu 5 cm hoch. Darauf steht ein Blatt von 30 cm Länge und 8 cm Breite. Der Blütenstand bildet sich an den Neutrieben und trägt an einem auffallend dünnen, überhängenden Schaft bis zu vier etwa 8 cm große, zarte Blüten, die sich nacheinander öffnen und etwa zehn Tage lang blühen. Alle Tepalen sind hellbraun, die inneren sehr schmal und zurückgebogen. Die Lippe ist braun gezeichnet, hat braune Kämme und einen weißen Vorderlappen.

Kultur: Die Pflanze wird gleichmäßig temperiert bis warm an einem hellen Standort in durchlässigem Pflanzstoff gepflegt. Nach der Blütezeit ist regelmäßig zu übersprühen und zu tauchen. Nach der vollen Ausbildung der Triebe wird nur eine kurze Ruhezeit eingehalten, bis der nächste Jahrestrieb beginnt. *Coel. speciosa* kann auch sehr gut am Block kultiviert werden.

Weitere für die Zimmerkultur geeignete Arten sind:

Coelogyne dayana Rchb. f., eine epiphytisch wachsende Orchidee vom Malaiischen Archipel (Sumatera, Kalimantan, Jawa), mit umfangreichem Habitus (Pseudobulben bis 20 cm hoch, Blätter bis 70 cm lang) und bis 100 cm langer Blütentraube. Die cremegelben Einzelblüten werden etwa 5 cm groß. Die Lippe ist braun mit weißen Zeichnungen und hat im unteren Teil zwei weiße Kämme. Ihre Seitenlappen sind innen gelb gestreift.

Kultur: Warm, wie *Coelogyne massangeana*.

Coelogyne flaccida Lindl., eine lithophytische Orchidee von den Südhängen des Himalaja (bis 2 000 m Höhe, Nepal, Sikkim, Assam). Auf ihren etwa 8 cm hohen Pseudobulben stehen zwei 25 cm lange, lanzettliche Blätter. Die Blütentraube trägt viele 4 cm große, weiße bis cremefarbige Blüten, deren Lippen rötlich und gelb gefleckt sind. Die Blütentriebe entwickeln sich mit dem Neutrieb.

Kultur: Die Pflanze wird kalt bis temperiert an etwas schattiertem Standort gepflegt. Für eine gute Luftfeuchtigkeit ist zu sorgen. Nach dem Triebabschluß folgt eine ausgeprägte Ruhezeit. Dabei sind Temperatur und Feuchtigkeit abzusenken.

Cymbidium Sw.

Etwa 50 Arten sind in Südchina, Südjapan, im Himalaja-Gebiet (Nordindien, Assam, Burma), in Thailand, auf Ceylon, auf dem Malaiischen Archipel und in Nordaustralien verbreitet, oft in Bergregionen um 2 000 m Höhe. Sie leben dort epiphytisch, lithophytisch oder terrestrisch. Bei diesen Arten sind die eng stehenden Pseudobulben mehr oder weniger stark ausgebildet, reichlich beblättert und bis zum Grunde von Blattscheiden eingehüllt. Die Pflanzen entwickeln einen voluminösen Wurzelballen aus dicken, fleischigen, verzweigten Wurzeln. Die Blütentriebe zeigen sich nach dem Ausreifen der Neutriebe zwischen den untersten Blättern. Sie sind hängend, überhängend oder aufrecht und tragen oft zahlreiche Einzelblüten. Kräftige Pflanzen können zur gleichen Zeit mehrere Blütenstände entwickeln.

In den letzten Jahren haben sich Cymbidien einen wesentlichen Platz als Schnittorchideen erobert. Sie haben sehr farbenfrohe, haltbare Blüten mit weitgehend ähnlichen Tepalen und einer dreilappigen Lippe. Die Seitenlappen stehen nach oben, der zungenförmige Mittellappen ist deutlich gekielt.

Cymbidien sind temperiert bis kalt zu pflegen. Der Standort soll hell und sonnig sein. Viel Frischluft, gleichmäßige Feuchtigkeit, regelmäßige gute Ernährung (Düngung) und Temperaturen von 20 bis 25 °C sind Voraussetzungen für gutes Gedeihen. Sobald die Neutriebe ausgebildet sind, ist eine kühlere Periode einzuschalten. In dieser Zeit reifen die Neutriebe aus, es erfolgt die Blüteninduktion. Nun sind Tagestemperaturen unter 20 °C und Nachttemperaturen zwischen 10 und 15 °C nötig, damit sich Blüten bilden. Bei Tagestemperaturen über 20 °C wird die Blütenbildung verhindert. Sobald sich die Blütentriebe zeigen, sind die Temperaturen wieder zu erhöhen. Die Blütentriebe brauchen zu dieser Entwicklung viel Licht. Die Pflanzen dürfen während dieser Zeit nie völlig austrocknen.

Pflanzen ohne deutliche Pseudobulben sind etwas wärmer und ohne ausgeprägte Ruhezeit zu pflegen. Der Pflanzstoff muß gut wasser- und luftdurchlässig sein, damit die dickfleischigen Wurzeln nicht durch stauende Nässe geschädigt werden und absterben. Entsprechend ihren Kulturansprüchen können Cymbidien auch im Freien kultiviert werden. Das trifft natürlich nur für die Sommer- und Herbstmonate zu, bis die Temperaturen unter 10 °C sinken. Diese Pflege im Freien macht auch leicht die Einhaltung der erforderlichen Ruheperiode möglich. Wegen der reichblütigen Infloreszenzen und haltbaren Einzelblüten sind Cymbidien dankbare Schnittblumen. Es gibt zahlreiche Hybriden. Neben den großblütigen, umfangreichen Pflanzen, die aus Platzgründen eher für den Erwerbsgärtner geeignet sind, wurden inzwischen zahlreiche sogenannte Minicymbidien gezüchtet. Sie stellen nicht so große Platzansprüche und sind für die Fensterbankkultur gut geeignet. Minicymbidien benötigen zur Entwicklung kräftiger Neutriebe viel Licht, gute Ernährung und viel Frischluft. Für die Züchtung der Minicymbidien wurden vor allem *Cymbidium devonianum* aus dem Himalaja-Gebiet (Assam, Nepal, Sikkim), *Cymbidium ensifolium* aus Thailand, China und Japan, *Cymbidium pumilum* aus China und Japan und *Cymbidium siamense* aus Thailand eingesetzt. Sie vertragen auch die höheren Zimmertemperaturen gut.

Cymbidium Gareth 'Latangor', die runden Pseudobulben sind etwa 4 cm hoch und tragen etwa zehn schmale, 50 cm lange Blätter. In den Blattachseln erscheinen bei kräftigen Pflanzen bis zu vier Blütenstände, die etwa 50 cm hoch werden und 10 bis 20 Einzelblüten mit einem Durchmesser von 6 bis 7 cm haben können. Die Tepalen sind grünlichgelb, die Lippe ist weiß mit rotbraunen Flecken. Die Säule ist kräftig rotbraun. Die Blüten halten bis zu sechs Wochen und sind gut zum Schnitt geeignet.

Cymbidium Minneken 'Rosalita', die Pseudobulben sind etwa 1 bis 2 cm hoch und haben schmale, 30 cm lange Blätter. Der Blütenstand entsteht am Grunde der Pseudobulben. Er wird etwa 30 cm hoch und trägt 10 bis 15 Einzelblüten mit einem Durchmesser von 6 cm. Die Tepalen sind rotbraun, die Lippe ist weiß mit rotbraunen Flecken. Die Blüten halten etwa vier Wochen.

Dendrobium Sw.

Die Gattung *Dendrobium* ist mit etwa 1 500 Arten in weiten Gebieten Asiens und Australiens verbreitet. Wir finden Dendrobien vorwiegend in Indien, Burma, Thailand, Laos, Vietnam, vom Himalaja-Gebiet bis Südchina und in Südjapan, auf Ceylon und den Inseln des Malaiischen Archipels, in Ostaustralien und Neuseeland. Alle Dendrobien leben bevorzugt epiphytisch. Sie haben sich neben den ständig

feuchtwarmen tropischen Wäldern auch solche Gebiete erobert, die regelmäßige Trockenperioden erleben, oder sie leben sogar in tropischen Gebirgen mit krassen Temperaturunterschieden. Alle Dendrobien sind sympodial wachsende Pflanzen mit meist dünnen, drahtförmigen, feuchtigkeitsempfindlichen Wurzeln. Nach dem Sproßaufbau lassen sich die Arten den folgenden wichtigsten Gruppen zuordnen:
– Arten mit kurzen Pseudobulben;
– Arten mit langen Pseudobulben und ausdauernden Blättern; hier muß noch weiter zwischen Arten mit temperierten oder auch warmen Ansprüchen und Arten mit bizarren Blüten unterschieden werden;
– Arten mit langen Pseudobulben und Blättern, die nach dem Ausreifen der Sprosse abgeworfen werden;
– Arten mit hohen, schwarzbehaarten Pseudobulben.

Ihre Blüten bilden die Dendrobien seitlich am oberen Ende der Pseudobulben oder an deren einzelnen Gliedern nach ausgeprägter oder auch nur angedeuteter Ruhezeit. Sie stehen in wenigblütigen bis vielblütigen Trauben zusammen. Für die Zimmerkultur sind die Arten mit temperierten Ansprüchen geeignet. Das sind vor allem die Arten der *Dendrobium-nobile*-Gruppe mit langen Pseudobulben, die ihre Blätter nach und nach abwerfen. Arten aus der *Dendrobium-phalaenopsis*-Gruppe mit hohen Pseudobulben und ausdauernden Blättern sind nur für ständig warme Wohnräume ohne große Temperaturdifferenzen geeignet. Die Standorte müssen bei allen Dendrobien das ganze Jahr über möglichst hell sein. Es sind kleine Pflanzgefäße mit guter Dränage zu verwenden, damit der Pflanzstoff abtrocknen kann und Wurzelschäden vermieden werden.

Kleinbleibende Arten werden am Block kultiviert. Während der Wachstumsperiode ist für gute Ernährung und Luftfeuchtigkeit zu sorgen. Pflanzen mit ausgeprägter Ruhezeit sind in dieser Zeit möglichst trocken zu halten, ein starkes Schrumpfen der Pseudobulben ist zu vermeiden. Die Temperaturen können dabei bis nahe 0 °C absinken.

Gute Eigenschaften als Schnittblumen besitzen zahlreiche Hybriden sowohl aus der Gruppe um *Dendrobium phalaenopsis* als auch um *Dendrobium nobile*. Die Blüten halten an den Pflanzen und geschnitten wochenlang.

Dendrobium fimbriatum Hook. stammt aus Nordindien, Burma, Südchina, Laos, Vietnam, Thailand, Nepal und Malaysia. Seine aufrechten, spindelförmigen Pseudobulben werden bis zu 120 cm hoch und haben zweizeilig angeordnete, ausdauernde Blätter von etwa 15 cm Länge und 3 cm Breite. Am oberen Ende der Pseudobulbe bildet sich eine etwa 25 cm lange, herabhängende Blütentraube mit dichtstehenden, zahlreichen Einzelblüten von 5 bis 8 cm Breite. Die Tepalen sind orangegelb. Die gelbe Lippe ist innen orange-gelb, hat einen gefransten Rand und ist mit Papillen besetzt.

Kultur: *Dendrobium fimbriatum* ist in der Wachstumsperiode temperiert an möglichst hellem Standort und bei hoher Luftfeuchtigkeit zu halten. Damit kräftige Pflanzen heranwachsen, ist eine Düngung in 14tägigem Abstand erforderlich, die am besten durch Tauchen der gesamten Pflanze (Blattdüngung) in die Düngerlösung vorgenommen wird. Nach dem Ausreifen der Pseudobulben ist eine Ruheperiode mit Temperaturabsenkung auf etwa 10 bis 15 °C einzuhalten. Die Wassergaben sind zu reduzieren, bis die Pseudobulben schrumpfen. In dieser Zeit erfolgt die

Blüteninduktion, zu erkennen am Erscheinen kugelförmiger Gebilde am oberen Ende der Pseudobulben. Dann sind die Pflanzen wieder temperiert zu halten, und die Feuchtigkeitszufuhr ist zu erhöhen.

Der Pflanzstoff muß den großen Pflanzen ausreichend Halt bieten.

In der Pflege dem *Dendrobium fimbriatum* sehr ähnlich und damit auch für die Zimmerkultur geeignet sind die folgenden Arten:

Dendrobium farmeri Paxt. aus dem Himalaja-Gebiet, Burma, Vietnam und Malaysia hat bis zu 30 cm hohe, vierkantige Pseudobulben. Die 5 cm großen Einzelblüten bilden eine Blütentraube.Die weißen Tepalen sind am Grunde goldgelb, zartrosa überhaucht. Die ebenfalls weiße Lippe ist behaart und hat am Grunde einen großen goldgelben Fleck (Spiegelei-Orchidee).

Dendrobium densiflorum Wallich aus Burma und Sikkim hat 40 cm hohe Pseudobulben und eine Blütentraube mit 5 cm breiten, gelben, innen goldgelben Blüten.

Dendrobium loddigesii Rolfe stammt aus dem westlichen und südlichen China. Es ist eine kleinbleibende Art mit überhängenden, bis zu 25 cm langen, dünnen Pseudobulben und festen Blättern von 3 cm Länge und 1 cm Breite. Bis zu zwei Blüten stehen an kurzen Blütenständen, die sich mehrfach an den Gliedern der Pseudobulben bilden. Die Einzelblüten sind ewa 5 cm breit. Sie haben zartrote Tepalen und eine ebenso gefärbte Lippe, die einen gelben Schlund hat, vorn gefranst und mit Papillen reich besetzt ist.

Die Blüten halten an der Pflanze bis zu vierzehn Tage lang.

Kultur: *Dendrobium loddigesii* wird temperiert am Block gehalten, in der Vegetationsperiode möglichst hell, bei hoher Luftfeuchtigkeit und guter Ernährung. Für Blattdüngung sind diese Pflanzen dankbar. Sie werden am besten in zweiwöchigen Abständen in die Nährlösung getaucht. Nach dem Ausreifen der Pseudobulben ist eine ausgeprägte Ruheperiode einzuhalten. Dabei sind die Pflanzen weiterhin hell bei Temperaturen um 10 °C zu pflegen. Während der Ruheperiode bilden sich die Blütentriebe. Sobald diese sichtbar sind, können die Pflanzen wieder etwas wärmer gepflegt werden. Bei ausreichender Luftfeuchtigkeit wachsen an den Pseudobulben Neutriebe, die reichlich Luftwurzeln ausbilden, so daß bald umfangreiche Pflanzen entstehen, die bei zusagenden Kulturmaßnahmen reichlich blühen.

Dendrobium nobile Lindl. kommt aus Nordindien, dem Himalaja-Gebiet, Burma, Laos, Nepal und Südchina. Die mehrgliedrigen Pseudobulben sind dick und fleischig und werden bis zu 70 cm hoch. Die zweizeilig angeordneten Blätter werden nach der Ruheperiode im Laufe der nächsten Vegetationsperiode abgeworfen. Die Blütentriebe entwickeln sich an den einzelnen Gliedern der Pseudobulben und können jeweils bis zu drei Einzelblüten von 7 cm Größe tragen. Die Tepalen sind weiß bis zartrosa mit einem Purpurrand. Die Lippe ist weiß, hat ebenfalls einen purpurfarbenen Rand und außerdem einen großen dunkelpurpurfarbenen Schlundfleck. Die Blüten duften zart und halten etwa drei Wochen.

Kultur: *Dendrobium nobile* wird während der Vegetationszeit hell, bei möglichst hoher Luftfeuchtigkeit, viel Frischluft und Temperaturen von 20 bis 25 °C gepflegt. Nach Triebabschluß wird nur noch wenig gegossen, so daß die Pseudobulben nicht schrumpfen. Die Pflanze muß nach wie vor hell stehen. Die Temperaturabsenkung darf bis nahe 0 °C heranreichen. Während dieser sechs bis acht Wochen dauernden Ruheperiode bilden sich die Blütentriebe. Man erkennt sie zuerst als kugelförmige

Triebe an den vorjährigen Pseudobulben. Sobald sie deutlich hervorgetreten sind, wird die Temperatur langsam wieder erhöht. Stehen die Pflanzen jetzt zu warm und feucht, bilden sich die Blütentriebe zu Jungpflanzen um, die bald Wurzeln entwikkeln. Wenn man dies rechtzeitig bemerkt, ist es möglich, durch Weiterführung einer extremen Ruheperiode diese Neutriebe wieder zu Blütentrieben umzustimmen. Dazu gehört aber viel Erfahrung.

Es empfiehlt sich ein häufiges Überbrausen der Blätter, da beim Gießen zuviel Wasser an die empfindlichen Wurzeln kommt.

Während der Vegetations- und Ruhezeit ist bis zur Blüteninduktion und -bildung die Kultur im Freien zu empfehlen. Dabei ist jedoch während lang anhaltender Regenperioden ein Nässeschutz anzubringen. Die Pflanzen sind nach der Bildung der Blütentriebe wieder in die Wohnung zu räumen. Bei 15 bis 18 °C und hellem Standort (Ostfenster), aber nur mäßigen Feuchtigkeitsgaben entwickeln sich die Knospen zu herrlichen Blüten.

Dendrobium nobile und seine Hybriden liefern gute und haltbare Schnittblumen, vorausgesetzt es verbleibt ein Stück des Blütenstieles an der Blüte. Werden die Blüten am Fruchtknoten abgetrennt, so welken sie rasch.

In der Pflege dem *Dendrobium nobile* sehr ähnlich und damit für die Zimmerkultur ebenfalls geeignet sind:

Dendrobium nobile var. **intermedium** hort. mit dünneren und etwas kleineren Pseudobulben sowie kleineren Blüten, etwa 5 cm groß, als die Art. Die Blütenblätter sind weiß, die Lippe hat einen purpurfarbenen Schlundfleck.

Dendrobium Anne Marie, eine Hybride aus *Dendrobium* Montrose und *Dendrobium* Winnifred Fortescue, von größerem Habitus als *Dendrobium nobile*. Die Pseudobulben sind dick und bis zu 150 cm hoch. Die Blüten werden bis zu 9 cm breit. Auf den Spitzen der cremefarbenen Tepalen sind große, zart purpurne Flecken. Die Lippe ist vorn zart purpurfarben, wird nach innen gelb und hat einen dunkelpurpurnen Schlundfleck.

Dendrobium pierardii Roxb. stammt aus dem Himalaja-Gebiet, aus Burma, Vietnam und Südchina. Die überhängenden Pseudobulben sind 90 cm lang und haben 7 cm lange und 2 cm breite Blätter.

An den Knoten der Pseudobulben bilden sich zahlreiche 5 cm breite Blüten (je Inflorenszenz zwei bis drei Einzelblüten). Die Tepalen sind zartrosa. Die Lippe ist gelb mit roten Adern und einem gefransten Rand.

Dendrobium phalaenopsis Fitzg. stammt von den Inseln der Torresstraße und aus Nordostaustralien. Die Pseudobulben werden bis zu 80 cm hoch und tragen ausdauernde, kräftige, dunkelgrüne, fleischige Blätter von 15 cm Länge und 3 cm Breite. An der Spitze der Pseudobulben steht der Blütenschaft mit bis zu zwölf Blüten, die einen Durchmesser von 8 cm erreichen können. Die Tepalen sind lilarot und breit. Die dreilappige Lippe umschließt mit den Seitenlappen die Säule. Sie ist dunkelrot, noch dunkler papillar geadert und zugespitzt. Die Blüten duften schwach. Die Art ist sehr variabel.

Kultur: Diese Art ist warm zu pflegen und nur für sehr helle Räume mit einer gleichmäßigen Temperatur zwischen 20 und 24 °C geeignet. Sie hat einen hohen Bedarf an Luftfeuchtigkeit, so daß vor allem in der Triebperiode häufig gespritzt oder überbraust werden muß. Im Wurzelbereich muß stets ein rasches Abtrocknen gewährleistet sein. Die Wassergaben sind so zu dosieren, daß sich die Pseudobulben kräftig entwickeln und nicht schrumpfen. Nach der Triebzeit ist eine Ruhezeit mit Temperaturen, die etwa 5 K niedriger sind, und entsprechend geringeren Wassergaben nur anzudeuten. Nach wie vor muß aber die hohe Luftfeuchtigkeit erhalten bleiben. Während dieser kurzen Ruhezeit, unmittelbar im Anschluß an die Vegetationsperiode, entwickelt sich der Blütentrieb. Zum Ausreifen der Blüten benötigt die Pflanze viel Licht, sonst fallen die Knospen vorzeitig ab. Für Räume mit Ofenheizung, zu geringem Lichteinfall und sehr großen Temperaturschwankungen sind diese Art und ihre Hybriden nicht geeignet. Unter solchen Bedingungen werden die Neutriebe von Jahr zu Jahr kleiner, bis die Pflanze schließlich eingeht.

Geeignet sind gleichmäßig beheizte Wohnräume mit südöstlich bis südwestlich gerichteten Fenstern. Eine Nachtabsenkung der Temperatur um etwa 5 K muß eingehalten werden. In den Sommermonaten ist direkte Mittagssonne zu dämpfen.

Die Art und ihre Hybriden werden sehr leicht von Schnecken befallen, die Wurzeln und Neutriebe rasch (oftmals über Nacht) abfressen.

Kräftige Pseudobulben sind in der Lage, nach dem Abblühen weitere Blütentriebe zu entwickeln. Diese blühen in der Regel zusammen mit dem nächsten Trieb, bei entsprechender Temperatur und Lichtzufuhr auch schon eher.

Dinema Lindl.

Die Gattung *Dinema* wurde von der Gattung *Epidendrum* abgetrennt und umfaßt nur zwei Arten, die epiphytisch in Mittelamerika und auf den Karibischen Inseln (Kuba, Jamaika) leben. Die sympodial wachsenden Pflanzen haben eine kriechende Sproßachse.

Dinema polybulbon (Sw.) Lindl., Syn.: Epidendrum polybulbon, ist in Mittelamerika (Mexiko bis Honduras, Jamaika, Kuba) zu Hause. Während einer Wachstumsperiode werden bis zu sechs ovale Pseudobulben ausgebildet, die etwa 2 cm hoch werden und einem kriechenden bis aufsteigenden Sproß aufsitzen. Die Pseudobulben tragen zwei längliche Blätter, die etwa 3 cm lang werden. Die Blüten bilden sich auf den später herangewachsenen Pseudobulben einer Wachstumsperiode aus. Die Einzelblüten werden etwa 3 cm breit. Die Tepalen sind schmal und bräunlichgelb. Die Lippe ist kurz genagelt, breit, spatelförmig. Sie ist cremeweiß, am Grunde gelblich, hat einen gelben Mittelnerv und einen gewellten Rand.

Kultur: Die Art wird temperiert bis kalt am Block oder zusammen mit anderen epiphytischen Orchideen gepflegt. Sie muß hell, bei möglichst hoher Luftfeuchtigkeit und guter Frischluftzufuhr stehen. In der Ruheperiode sind Temperaturen von 12 bis 15 °C und nach wie vor ein heller Standort bei hoher Luftfeuchtigkeit erforderlich. Die Pflanze ist gegenüber sehr warmen und trockenen Standorten ohne ausreichende Luftfeuchtigkeit sehr empfindlich. Direkte Mittagssonne sollte vermieden werden.

Encyclia Hook.

Mehr als 100 verschiedene Arten dieser Gattung leben epiphytisch, einige lithophytisch, in Florida, Mittel- und Südamerika. Alle Arten bilden sympodiale Sprosse mit dichtstehenden Pseudobulben, auf denen meist zwei derbe Blätter stehen.

Die Blüten bilden sich zwischen den Blättern, oft aus einer kleinen Spatha hervorwachsend. Sie sind in meist mehrblütigen Trauben angeordnet.

Die Arten werden temperiert bis kalt gepflegt und sind oft gut für die Fensterbankkultur geeignet. Sie brauchen nach der Wachstumsperiode einen hellen Standort mit viel Frischluft und hoher Luftfeuchtigkeit. Die Ballenfeuchtigkeit darf aber nicht zu hoch sein, da die Wurzeln sehr feuchtigkeitsempfindlich sind. Nach Triebabschluß ist eine Ruhezeit bei etwa 15 °C einzuhalten.

Es gibt zahlreiche Hybriden zusammen mit den Gattungen *Laelia* und *Cattleya,* die auch für den Orchideenfreund interessant sind. Viele Arten wurden ehemals zur Gattung *Epidendrum* gezählt.

Encyclia cochleata (L.) Dressler, Syn.: Epidendrum cochleatum, kommt aus Florida, von den Karibischen Inseln, aus Mittel- und Südamerika (Kolumbien). Die Pseudobulben sind etwa 10 cm hoch, breit oval und zusammengedrückt. Sie tragen zwei breite, längliche Blätter von 30 cm Länge. Zwischen den Blättern entwickelt sich aus einer Spatha der aufrechte, mehrblütige Blütenstand mit etwa 7 cm großen Einzelblüten, die sich nacheinander öffnen.

Wegen fehlender Resupination ist die rundliche Lippe nach oben gerichtet. Sie umschließt die Säule und ist am Grunde gelbgrün mit dunkelpurpurroter Aderung, vorn purpur bis blauviolett mit grüner Aderung. Die Tepalen stehen nach den Seiten ab oder sind nach unten gerichtet. Sie sind gelbgrün mit rotbrauner Zeichnung am Grunde, oft spiralförmig gedreht.

Kultur: Wie *Encyclia cordigera.* Die Pflanze blüht wochenlang und kann sich dabei stark schwächen.

Encyclia cordigera (H.B.K.) Dressler, Syn.: Epidendrum atropurpureum, stammt aus Mittel- und Südamerika (Mexiko bis Kolumbien) und hat 5 cm hohe, fast kugelige Pseudobulben mit 30 cm langen, schmalen, ledrigen Blättern. Der aufrechte Blütenstand wird bis zu 60 cm hoch und trägt etwa zehn bis zu 7 cm breite Einzelblüten. Die Tepalen sind schmal spatelig, gedreht und bräunlich, an den Rändern, zur Spitze hin und am Grunde grünlich. Die Lippe ist dreilappig, die Seitenlappen umfassen die Säule. Der Vorderlappen ist breit und weiß, am Grunde zart rot. Attraktiver ist die var. *rosea* (Batem.) H. G. Jones. Sie hat braunviolette, gedrehte Tepalen und eine leuchtend karminrote Lippe. Die Blüten duften stark und angenehm. Sie sind zum Schnitt geeignet.

Kultur: Die Pflanzen sind in der Vegetationszeit temperiert bis warm, bei möglichst hoher Luftfeuchtigkeit und an einem hellen Standort zu pflegen. Vor der direkten Mittagssonne sind sie zu schützen. Nachts müssen sie unbedingt trocken stehen. Für regelmäßige Düngergaben, auch als Blattdüngung, ist zu sorgen. Der Pflanzstoff muß eine gute Dränage gewährleisten, damit jegliche stagnierende Nässe im Wurzelbereich vermieden wird.

Nach Triebabschluß folgt eine kühlere Ruheperiode bei etwa 15 °C, nach wie vor möglichst hell, aber bei abgetrocknetem Pflanzstoff. Die Wassergaben sollen so bemessen sein, daß die Pseudobulben nicht schrumpfen. Es wird erst wieder ein wärmerer Standort ausgewählt, wenn die Neutriebe anschwellen.

Encyclia fragrans (Sw.) Lemée, Syn.: Epidendrum fragrans, kommt aus Mittel- und Südamerika (Brasilien bis Karibische Inseln). Sie hat etwa 5 bis 10 cm hohe, schmale Pseudobulben und ein derbes, bis 15 cm langes Blatt. Die Blüten werden bis 4 cm groß. Die Tepalen sind gelblich. Die muschelförmige Lippe steht nach oben und ist weiß mit violetten Streifen. Die Blüten duften stark.

Kultur: Wie *Encyclia cordigera*. Auch Hydrokultur ist möglich. Die Pflanze braucht viel Licht und muß gut ernährt werden.

Encyclia mariae (Ames) Hoehne, Syn.: Epidendrum mariae, stammt aus Mexiko. Auf etwa 5 cm hohen, ovalen Pseudobulben stehen zwei derbe, 15 cm lange Blätter. Der Blütenstand ist überhängend und trägt 7 cm breite Einzelblüten. Die Tepalen sind grün. Die tütenförmige Lippe ist weiß mit grünen Adern.

Kultur: In der Vegetationsperiode ist die Pflanze temperiert zu pflegen. Sie muß hell stehen und braucht viel Frischluft. Während der Ruhezeit soll sie kalt gehalten werden bei Temperaturen von 12 bis15 °C.

Encyclia vittelina (Lindl.) Dressler, Syn.: Epidendrum vittelinum, stammt aus Mittelamerika (Mexiko und Guatemala) und hat 5 cm hohe Pseudobulben mit meist zwei blaugrünen, derben, länglichen, 20 cm langen Blättern. Der Blütenstand steht aufrecht, ist bis 30 cm hoch und hat etwa zehn Blüten, die 5 cm breit werden können. Die Tepalen sind rotorange. Die schmale Lippe ist orange.

Die Blüten sind zum Schnitt geeignet.

Kultur: Diese Art ist kalt bis temperiert zu halten. Der Standort sollte sehr hell, vor Überhitzung jedoch geschützt sein.

Nach der Vegetationszeit ist eine Ruhezeit bei kühleren Temperaturen um 12 °C einzuhalten.

Epidendrum L.

Ursprünglich umfaßte die Gattung *Epidendrum* etwa 1 000 verschiedene Arten, die über weite Gebiete Nord- und Südamerikas verbreitet sind. Wegen der großen Unterschiede im Blütenbau und im Sproßaufbau begann man, diese Gattung aufzugliedern. So wurden z. B. die Gattungen *Auliza*, *Encyclia* und *Hormidium* abgetrennt.

Zur Gattung *Epidendrum* werden heute etwa 500 verschiedene Arten gestellt, die schlanke, mehrgliedrige und mehrblättrige Pseudobulben haben, an deren Ende sich die Blütentriebe bilden.

Die Pflanzen können meterhoch werden. Bei den Einzelblüten unterscheiden sich die Tepalen nur unwesentlich voneinander. Die dreilappige Lippe ist reichlich gegliedert und gefranst, Säule und Lippennagel sind auffällig stark verwachsen.

Schon frühzeitig wurden *Epidendrum*-Arten in die Züchtung einbezogen. Es wurden viele interessante Züchtungen mit *Cattleya*, *Sophronitis*, *Laelia*, *Brassavola* und *Schomburgkia* erzielt. *Epidendrum*-Arten und ihre Hybriden sind auch für die Fensterbankkultur geeignet. Sie sind temperiert zu pflegen, brauchen einen hellen Standort und viel Frischluft.

Epidendrum ellipticum Lindl., Syn.: Epidendrum secundum, Epidendrum crassifolium, stammt aus Süd- und Mittelamerika. Es treibt fast 1 m hohe, reich beblätterte Sprosse. An den Pseudobulben bilden sich bei reichlich Luftfeuchtigkeit Wurzeln und Seitentriebe aus. Die Blütenstände entwickeln sich terminal an den zweijährigen Trieben. Die 3 cm hohen Einzelblüten stehen in einer dichten, kopfigen Traube. Die Tepalen sind etwa 1,5 cm lang und scharlachrot gefärbt. Das dreilappige Labellum ist gefranst. Die Lippenplatte trägt eine goldgelbe, dreiteilige Verdickung. Nach dem Abblühen bilden sich an den Knoten des Blütentriebes Jungpflanzen, die sich schnell bewurzeln.

Kultur: *Epidendrum ellipticum* wird an einem hellen Fenster gepflegt bei viel Frischluft und hoher Luftfeuchtigkeit. Dazu sind die Pflanzen täglich zu übersprühen und wöchentlich einmal zu überbrausen. Vor Überhitzung durch direkte Mittagssonne oder Heizungswärme sind die Pflanzen zu schützen. Nachts müssen die Temperaturen abgesenkt werden. In der Triebperiode sind die Pflanzen monatlich zu düngen.

In der Zimmerkultur ist diese Art wegen ihrer langen Triebe schwierig zu handhaben, insbesondere wenn sie zu Pflegemaßnahmen (z.B. wöchentliches Duschen) transportiert werden muß.

Epidendrum nocturnum Jacq., Syn.: Epidendrum longicolla, ist in Amerika weit verbreitet. Es hat schlanke, bis 50 cm hohe Pseudobulben. Der kurze Blütenstand bildet bis zu drei Blüten aus. Sie sind sternförmig, etwa 15 cm groß und weiß bis grünlichgelb gefärbt. Die Tepalen sind auffallend schmal linealisch. Die Lippe ist dreiteilig mit langem, spitzem Vorderlappen.

Kultur: Wie *Epidendrum ellipticum.*

Gongora Ruiz et Pav.

Etwa 20 Arten der Gattung *Gongora* leben epiphytisch in Mittel- und Südamerika sowie auf den Karibischen Inseln. Die sympodialen Pflanzen bilden engstehende Pseudobulben aus, an deren Basis die Blütentrauben seitlich abstehen, später herabhängen. Kräftige Pseudobulben bringen mehrere Blütenstände hervor. Oft entwickeln die Pflanzen zahlreiche dünne Nestwurzeln. Der Blütenaufbau ist sehr bemerkenswert. Der Fruchtknoten ist gebogen. Dadurch steht die mehrgliedrige Lippe über der Säule.

Gongora galeata (Lindl.) Rchb. f. aus Mexiko hat 5 cm hohe, ovale und gefurchte Pseudobulben mit zwei bis drei kräftigen, 25 cm langen, schmalen, stark genervten Blättern. Am Grunde der Pseudobulben bilden sich mehrere bis zu 30 cm lange, herabhängende Blütenstände mit etwa zwanzig Einzelblüten, die 4,5 cm breit werden. Die seitlichen äußeren Tepalen stehen ab, das mittlere äußere Tepalum umhüllt die Säule kahnförmig. Alle äußeren Tepalen sind rehbraun und an der Basis gefleckt. Die inneren Tepalen sind kurz und gelblich gefärbt. Die fleischige Lippe ist zweiteilig und gelb mit gefleckten und gestrichelten Seitenteilen. Die Blüten duften stark. Die einzelnen Blüten halten an der Pflanze etwa 10 bis 14 Tage lang. Durch zahlreiche Blütentriebe erreichen starke Pflanzen trotzdem eine lange Blühdauer.

Kultur: Die Pflanze verlangt einen hellen Standort bei viel Frischluft. In der Triebzeit sollen die Temperaturen zwischen 20 und 24 °C liegen. Die Luftfeuchtigkeit muß möglichst hoch, die Ballenfeuchtigkeit etwas geringer sein. Während der nächtlichen Temperaturabsenkung ist darauf zu achten, daß Neutriebe und Blütentriebe gut abgetrocknet sind, da sie sonst leicht ausfaulen. Während der Wachstumsperiode ist regelmäßig zu düngen, zur Blattdüngung sind die gesamten Pflanzen zu tauchen.

Nach Blütenabschluß folgt die Ruhezeit, in der die Temperaturen auf 12 bis 15 °C abzusenken und die Wassergaben zu reduzieren sind. In den Sommermonaten können die Pflanzen auch im Freien an schattigen, vor Dauerregen geschützten Stellen gepflegt werden.

Wegen der herabhängenden Blütenstände ist die Kultur am Block oder in Lattenkörben zu empfehlen. Voraussetzung dafür ist allerdings eine gute Befeuchtung. Wird die Ruhezeit nur angedeutet, treiben die Pflanzen durch und können so zweimal in einem Jahr blühfähige Neutriebe ausbilden.

Weitere für die Fensterbank geeignete Arten sind:

Gongora armeniaca Rchb. f. aus Nikaragua ist im Habitus und im Blütenaufbau der *Gongora galeata* sehr ähnlich. Die Blüten sind jedoch grünlichgelb.
Kultur: Wie *Gongora galeata*.

Gongora quinquenervis Ruiz et Pav. aus Mittel- und Südamerika (Mexiko, Karibische Inseln bis Brasilien) hat größere Pseudobulben und Blätter als *Gongora galeata*. Die Blütentriebe werden 50 cm lang, die Einzelblüten bis 5 cm breit. Die Tepalen sind schmal und tief rotbraun. Die Lippe ist fleischig und hellgelb gefärbt.
Kultur: Wie *Gongora galeata*.

Haemaria Lindl.
Von dieser Gattung ist nur eine Art bekannt.

Haemaria discolor (Ker-Gawl.) Lindl., Syn.: Ludisia discolor, wächst terrestrisch in der schwachen Humusauflage felsiger Gebiete von Südchina, Indien, Burma, Singapur und Sumatera. Sie hat reichverzweigte, fleischige, dem Untergrund eng anliegende Sproßstengel, die sich zur Blattbildung aufrichten. Die Blätter sind rosettenartig angeordnet. Diese Art gehört zu den buntblättrigen Orchideen. Die ovalen, etwa 7 cm breiten Blätter sind samtig sattgrün bzw. bronzegrün, an der Unterseite rötlich überlaufen, bei einem hellen Standort mit hellen Nerven und hellem Rand. Sie haben einen deutlichen Blattstiel, der den Sproß umfaßt. Der etwa 25 cm hohe Blütenstand ist mit rötlichen Hochblättern besetzt, bis zu den Fruchtknoten behaart und trägt etwa zwanzig bis zu 2,5 cm große, duftende, weiße Einzelblüten. Jeder Blüte ist ein rötliches Deckblatt zugeordnet. Die inneren Tepalen und das obere äußere Tepalum stehen helmartig zusammen, die beiden seitlichen äußeren Tepalen stehen ab. Die zweilappige Lippe ist verdreht. Auffällig ist die seitlich abstehende gelbe Anthere (Pollinien und Antherenkappe). Wegen der farbigen Blätter ist diese Orchidee eine dekorative Bereicherung jeder Sammlung. Die Blüten sind zum Schnitt geeignet. Sie halten sich wochenlang.

Kultur: Die Pflanzen sind in Pflanzgefäßen mit guter Dränage und einer dünnen Schicht eines luftdurchlässigen Pflanzstoffes, möglichst in Schalen, zu pflegen. Bei ständig warmen oder auch temperierten Bedingungen ist für eine regelmäßige Feuchtigkeitszufuhr zu sorgen, sowohl durch Tauchen als auch durch Übersprühen. Längeres Austrocknen ist zu vermeiden. Die Kultur am Block ist ebenfalls erfolgreich erprobt worden.

Ein heller Standort fördert die Farbintensität der Blätter. Direktes Sonnenlicht in den Mittagsstunden ist jedoch zu vermeiden. Die Pflanzen vertragen auch schattige Standorte. Durch eine Vielzahl von Seitentrieben entwickeln sich im Pflanzgefäß bald umfangreiche Pflanzen, die auch reichlich blühen. In der Wachstumsperiode sind die Pflanzen für regelmäßiges Tauchen in eine Volldüngerlösung in etwa dreiwöchigen Abständen dankbar.

Eine Ruheperiode ist nicht einzuhalten, so daß starke Pflanzen mehrmals im Jahr blühen.

Laelia Lindl.

Die Gattung *Laelia* umfaßt etwa 60 verschiedene Arten, die mit den Cattleyen eng verwandt sind und ebenso attraktive Blüten entwickeln. Laelien leben in Mittel- und Südamerika epiphytisch, lithophytisch und z. T. terrestrisch. Es gibt sowohl kleinbleibende als auch sehr großwüchsige Arten. Die Blütentrauben entwickeln sich endständig aus einer Blütenscheide am Blattgrund. Die Blüten sind meist gute Schnittblumen.

Aus Kreuzungen mit *Cattleya, Epidendrum, Brassavola, Sophronitis* und anderen Gattungen entstanden viele Hybriden, die sowohl für den Erwerbsgärtner als auch für den Orchideenfreund sehr interessant sind.

Laelia anceps Lindl. bewohnt in ihrer mexikanischen Heimat Bergregionen um 2 000 m. Die kantigen, ovalen Pseudobulben sind 10 cm hoch und von häutigen Niederblättern umgeben. Auf ihnen steht jeweils ein kräftiges, ledriges Blatt von 20 cm Länge. Der aufrechte Blütenstand entwickelt sich während des Ausreifens der Neutriebe, wird bis 60 cm lang und trägt 10 cm große Einzelblüten. Die Tepalen sind weiß bis rosarot, die Seitenlappen der Lippe am Rand rotviolett, innen gelblich und dunkelviolett geadert. Der Mittellappen ist vorn kräftig violett und am Grunde gelb gekielt. Die Blüten dieser Art variieren in Farbe, Zeichnung und Tepalenbreite sehr stark. An der Pflanze halten sie sich bis zu vier Wochen. Sie duften schwach. Die Blütezeit reicht bis in die Ruhezeit hinein.

Kultur: In der Wachstumsperiode sind die Pflanzen bei Temperaturen von 18 bis 25 °C sehr hell zu halten. Vor der grellen Mittagssonne sind sie allerdings zu schützen. Auf gute Frischluftzufuhr und regelmäßiges Übersprühen muß geachtet werden. In Abständen von vierzehn Tagen sind sie zu düngen, wobei der Blattdüngung große Bedeutung beizumessen ist. Neutriebe und Wurzeln sind bei niedrigen Temperaturen sehr feuchtigkeitsempfindlich. Nach Triebabschluß verbleiben die Pflanzen an einem hellen Standort bei etwa 10 bis 15 °C. Die Wassergaben sind nur so weit zu reduzieren, daß die Pseudobulben nicht schrumpfen. Zur Blütenentwicklung ist reichlich Lichtzufuhr zu gewähren. Bei sehr hellen Standorten färben sich die Blätter leicht rötlich.

Laelia anceps eignet sich in den Sommermonaten auch für die Kultur im Freien. Bei regnerischem Wetter ist jedoch ein Nässeschutz erforderlich.

Laelia Cinnabrosa ist eine Hybride aus *Laelia cinnabarina* Batem. und *Laelia tenebrosa* Rolfe. Beide stammen aus Brasilien. Die dünnen, spindelförmigen Pseudobulben werden bis zu 30 cm hoch und tragen ein derbes, längliches, schmales, spitzes Blatt von etwa 30 cm Länge. Der Blütenstand wird bis 50 cm lang, ist aufrecht bis überhängend und trägt bis zu acht Einzelblüten von 12 cm Breite. Die Tepalen sind orangerot. Die karminrote Lippe ist tütenfömig und hat einen gewellten Rand. Die Blüten halten sich an der Pflanze bis zu vier Wochen lang.

Kultur: Wie *Laelia anceps.*

Lycaste Lindl.

Mit etwa 40 Arten ist die Gattung in Mittel- und Südamerika (von Mexiko und den

Karibischen Inseln bis Brasilien) verbreitet. Die Arten leben epiphytisch oder lithophytisch und steigen im Bergland bis in 2 000 m Höhe empor.

Es sind sympodial wachsende Pflanzen mit kräftigen Pseudobulben. Ihre Blätter haben starke Nerven, halten nur eine Vegetationsperiode aus und werden dann abgestoßen. Die Blüten stehen auf einblütigen Infloreszenzen und bilden sich meist zusammen mit dem Neutrieb nach einer langen Ruheperiode. Wurzeln, Neutriebe und Blütentriebe sind äußerst feuchtigkeitsempfindlich. Deshalb muß der Pfleger die Wassergaben sehr überlegt und gezielt dosieren. Die Blütentriebe bleiben nur erhalten, wenn in der Zeit der Blüteninduktion und -entwicklung die Basis der Pseudobulben trocken gehalten wird.

Lycaste aromatica (Graham ex Hook.) Lindl. stammt aus Mexiko und Nikaragua. Die Pseudobulben werden bis zu 10 cm hoch. Sie sind eiförmig und abgeflacht, leicht gefurcht und tragen zwei bis vier etwa 40 cm lange und 10 cm breite Blätter sowie laubblattartige Niederblätter. Am Schluß des Vegetationszyklus, wenn die Neutriebe hervorkommen, werden die Blätter abgeworfen. Am Grunde der Pseudobulben stehen dicht gedrängt die einblütigen Blütenstände, die etwa 15 cm hoch werden und eine 6 cm große Blüte tragen. Die äußeren Tepalen sind grünlich-gelb, die inneren goldgelb. Die Lippe hat am Grunde einen rotbraunen Fleck. Ihr Vorderlappen ist gefranst und mit feinen Haaren besetzt. Nach dem Abfallen der Blätter verbleiben auf den Pseudobulben zwei spitze Blattansätze (Schutzfunktion). Die Blüten duften stark würzig und halten sich an der Pflanze etwa drei Wochen lang. Kultur: Die Pflanze muß das ganze Jahr über möglichst hell, jedoch vor der Mittagssonne geschützt, untergebracht sein. In der Triebzeit soll sie temperiert bis warm (20 °C) bei einer Luftfeuchtigkeit von etwa 70 % und ständiger Frischluftzufuhr, aber mäßiger Ballenfeuchtigkeit gehalten werden. Das Pflanzgefäß muß mit einer wirksamen Dränage versehen sein. Der Pflanzstoff darf nur langsam verrotten und muß ebenfalls gut wasserdurchlässig sein. Neutriebe und Wurzeln sind sehr feuchtigkeitsempfindlich und faulen leicht. Nach Triebabschluß folgt eine Ruhezeit bei 10 bis 15 °C und nur so viel Feuchtigkeit, daß die Pseudobulben nicht schrumpfen. Der Wurzelbereich ist möglichst trocken zu halten. Während der Blütenbildung darf am Grunde der Pseudobulben keine Feuchtigkeit verbleiben. Deshalb darf in dieser Zeit auch nicht gesprüht werden. Während der Triebzeit ist eine leichte Düngung zu empfehlen (14tägig). Die Art ist zur Kultur am Fensterbrett gut geeignet.

Lycaste cruenta (Lindl.) Lindl. kommt aus Mittelamerika (Mexiko, Guatemala, El Salvador) und ist der *Lycaste aromatica* sehr ähnlich. Die Pseudobulben sind 10 bis 15 cm hoch, flachgedrückt, dunkelgrün und mit runzliger Oberfläche. Die Blüten werden bis zu 8 cm breit. Die äußeren Tepalen sind grünlichgelb, die inneren goldgelb. Die Lippe ist am Schlund blutrot gefärbt. Die Blüten duften stark würzig und sind drei Wochen haltbar.

Kultur: Wie *Lycaste aromatica*.

Lycaste deppei (Lodd.) Lindl. aus Guatemala, Nikaragua und Mexiko hat 10 cm hohe Pseudobulben und 40 cm lange Blätter. Die Blütenstände sind etwa 15 cm hoch mit 10 cm breiten Blüten. Die äußeren Tepalen sind zart grün mit rotbraunen Punkten, die inneren Tepalen sind weiß. Die goldgelbe Lippe hat rotbraune Flecken.

Kultur: Wie *Lycaste aromatica*.

Lycaste skinneri (Batem. ex Lindl.) Lindl., Syn.: Lycaste virginalis, kommt aus Mittelamerika (Mexiko bis Honduras). Ihre 10 cm hohen Pseudobulben sind von Niederblättern umgeben und tragen drei 50 cm lange Blätter. Jeweils ein bis zwei Blütenschäfte entwickeln sich aus einem Niederblatt. Sie werden bis zu 25 cm hoch mit einer 12 bis 15 cm breiten Einzelblüte. Die Tepalen sind weiß, lila getönt und purpurrot geadert. Die Lippe ist purpurrot mit dunkelroten Punkten. Die Blüten eignen sich zum Schnitt.

Kultur: Wie *Lycaste aromatica*, etwas wärmer, ohne eigentliche Ruhezeit. Sommertemperaturen zwischen 15 und 20 °C, Wintertemperaturen 12 bis 15 °C.

Maxillaria Ruiz et Pav.

Es gibt etwa 300 verschiedene Maxillarien, die meist sehr kleinwüchsig sind, einige können aber auch groß werden. Sie leben in Mittel- und Südamerika von Florida über Mexiko und Kuba bis Argentinien, meist epiphytisch, aber auch lithophytisch oder terrestrisch.

Der Sproßaufbau ist sympodial. Die Pseudobulben stehen eng beieinander oder an aufsteigenden Sproßachsen übereinander. Die Blüten der Maxillarien sind farbig und attraktiv, meist duften sie sehr stark. Großblütige Arten sind auch als Schnittblumen geeignet. Bekannt ist die Bezeichnung «Knopflochblume» für *Maxillaria picta*.

Viele Arten brauchen zur Blütenbildung eine deutliche Ruhezeit, die einer temperierten bis warmen Wachstumsperiode anzuschließen ist. Die Blütentriebe sind sehr feuchtigkeitsempfindlich und faulen leicht ab.

Maxillaria picta Hook. stammt aus Brasilien. Die etwa 5 cm hohen, ovalen, flachgedrückten und etwas gefurchten Pseudobulben tragen zwei spitze, längliche Blätter von 30 bis 40 cm Länge und 4 bis 5 cm Breite. Die Pseudobulben stehen eng beieinander. An ihrem Grunde bilden sich oft zahlreiche Infloreszenzen, die 15 bis 20 cm hoch werden und mit Hochblättern besetzt sind. Die Blüten werden etwa 5 cm groß. Ihre Tepalen sind gelborange, an der Außenseite hellgelb mit rotbraunen Querbändern, Flecken und Punkten. Die dreilappige, zungenförmige Lippe ist ebenfalls gelborange mit cremeweißem Vorderlappen und rotbraun gefleckten bzw. gestrichelten Seitenlappen. Die Blüten duften vor allem in den Vormittagsstunden sehr stark aromatisch. Sie halten an der Pflanze etwa 14 Tage und sind auch als Schnittblumen geeignet.

Kultur: Die Pflanzen sind an hellen Standorten zu pflegen. Regelmäßige Frischluftzufuhr ist zu sichern. Während der Wachstumsperiode muß auf ausreichende Feuchtigkeit sowohl im Wurzelbereich als auch in der Blattregion und auf Temperaturen um 20 °C geachtet werden. Für gute Düngung ist unbedingt zu sorgen. Die Pflanzgefäße müssen eine gute Dränage aufweisen. Der Pflanzstoff sollte vorwiegend aus Borke und Farnwurzeln mit nur wenig Sumpfmoos bestehen. Nach dem Ausreifen der Pseudobulben ist eine deutliche Ruheperiode einzuhalten. Dabei müssen die Pflanzen möglichst hell bei abgesenkter Temperatur stehen (etwa 12 bis 15 °C). In dieser Zeit bilden sich die Blütentriebe am Grunde der Pseudobulben. Sie dürfen nicht naß werden, da sie sehr schnell ausfaulen. Deshalb ist nun das Besprühen und Überbrausen zu unterlassen. Das Pflanzgefäß ist in dieser Zeit nur bis etwa zur Hälfte kurz ins Wasser zu stellen, damit die notwendige Feuchtigkeit zugeführt werden kann und ein völliges Austrocknen verhindert wird. Das Benetzen des Grundes der Pseudobulben ist dabei in jedem Fall zu vermeiden. Nach dem Abblühen und einer etwa zweimonatigen Ruhezeit bei weiterhin 12 bis 15 °C beginnt der Neutrieb. Dann ist wieder vorsichtig mit größeren Wassergaben für ausreichend Feuchtigkeit zu sorgen. Es ist in jedem Fall zu verhindern, daß die Pflanzen zu warm stehen. Im Wurzelbereich darf kein Wasser verbleiben. Deshalb dürfen die Pflanzgefäße nicht zu groß sein. In den Sommermonaten ist die Kultur im Freien günstig (Sonnenschutz).

Maxillaria porphyrostele Rchb. f. stammt ebenfalls aus Brasilien. Ihre Pseudobulben stehen eng an- und übereinander. Sie sind rundlich, etwas gefurcht und tragen zwei schmale etwa 25 cm lange, nur 1,5 cm breite Blätter. Die Blüten stehen dicht beieinander und haben einen Durchmesser von etwa 4 bis 5 cm. Die Tepalen sind grüngelb. Die weißlich-gelbe Lippe ist an den Seitenlappen und am Mittellappen rotviolett gepunktet und gestrichelt. Auffällig ist ein kräftiger, runder, zart gelber Kallus auf der Lippe. Morgens duften die Blüten schwach aromatisch.
Die purpurrote Säule war Anlaß für die Artbenennung.
Kultur: Wie *Maxillaria picta*. Zur Blütenbildung ist die Ruhezeit jedoch noch ausgeprägter einzuhalten.

Maxillaria variabilis Batem. ex Lindl. kommt aus Mexiko und Panama. Sie wächst dort epiphytisch in Höhen zwischen 600 und 1 900 m. Die flachgedrückten, ovalen, etwa 3 cm hohen Pseudobulben stehen auf einer aufsteigenden Sproßachse. Sie sind deshalb übereinander angeordnet und tragen ein derbes, längliches Blatt von 10 cm Länge und 1 cm Breite. Mehrere Blüten entwickeln sich auf sehr kurzen Blütenstielen am Grunde der Pseudobulben zwischen scheidigen Niederblättern. Sie werden etwa 2 cm breit, sind rotviolett gefärbt und glänzen wachsartig. Die Lippe ist vertieft und schwarzviolett gefärbt. Die Blüten öffnen sich nacheinander. Sie halten sich an der Pflanze 10 bis 14 Tage. In den Vormittagsstunden duften sie stark aromatisch.
Kultur: Die Pflanzen sind in der Wachstumsperiode hell und temperiert zu halten. Sie blühen in der Ruhezeit bei nur mäßig abgesenkten Temperaturen. Die Wurzeln sind feuchtigkeitsempfindlich und brauchen sehr viel Luft, so daß die Kultur besser am Block erfolgt. Die Pflanzen dürfen nicht zu warm stehen, keinesfalls direkt über Heizkörpern.

Meiracyllium Rchb. f.
In Mittelamerika (Mexiko, Guatemala) leben die zwei Arten der Gattung *Meiracyllium*. Es sind kleinbleibende Pflanzen mit einem verzweigten, kriechenden Sproß und nur angedeuteten Pseudobulben, auf denen ein breitovales, fleischiges Blatt steht. Es sind botanische Orchideen, die auch im Zimmer am Block gut gedeihen und die aufmerksame Pflege dem Orchideenfreund mit ihren Blüten danken.
Meiracyllium trinasutum Rchb. f. aus Mexiko und El Salvador bildet einen reichverzweigten, kriechenden Sproß mit nur angedeuteten Pseudobulben, die in Niederblättern verborgen sind. Das für die kleine Pflanze auffallend große, breitovale, fleischige Blatt mit einem deutlichen Mittelnerv wird etwa 5 cm lang und 3 cm breit. Die Blütentriebe wachsen im geschlossenen Blatt. Wenn sich das Blatt entfaltet, werden die Knospen sichtbar. An einem kurzen Stiel bilden sich bis zu vier etwa 2 cm breite, rotviolette Blüten, die stark aromatisch (zimtartig) duften. Die Tepalen

sind lineal bis lanzettlich. Die Lippe ist kellenförmig vertieft und punktiert. Die Blütenblätter sind zu einer spornartigen Vertiefung verwachsen.

Kultur: Die Pflanzen werden temperiert bis warm am Block gehalten. Sie wachsen mit wenig Pflanzstoff auf einem Stück Borke. In der Wachstumsperiode brauchen die Pflanzen möglichst hohe Luftfeuchtigkeit bei Temperaturen um 20 °C. Das ist mit täglichem Übersprühen erreichbar. Eine gute Ernährung durch Tauchen in eine schwache Volldüngerlösung in Abständen von 14 Tagen ist Voraussetzung für das Heranwachsen kräftiger, blühfähiger Pflanzen. Der Standort sollte sehr hell, aber ohne direkte Sonneneinstrahlung während der Mittagsstunden gewählt werden. Eine Ruheperiode ist in den Wintermonaten mit verringerten Temperaturen und reduzierten Wassergaben nur anzudeuten.

Die Blüten halten sich an der Pflanze etwa 14 Tage.

Meiracyllium wendlandii Rchb. f. unterscheidet sich von *Meiracyllium trinasutum* im Blütenbau, und außerdem öffnen sich die Blüten nicht so weit wie bei diesem. Die äußeren Tepalen sind schmal elliptisch, die inneren löffelförmig. Die Lippe umschließt die Säule tütenförmig und ist am Grunde sackartig vertieft. Die Tepalen sind rotviolett, die Lippe dunkelkarmin, am Schlund hellgelb gefärbt. Die Blüten duften nicht.

Kultur: Wie *Meiracyllium trinasutum*.

Miltonia Lindl.

In der Gattung *Miltonia* sind etwa 20 Arten zusammengefaßt, die als Epiphyten in Süd- und Mittelamerika (Paraguay, Brasilien bis Panama und Kostarika) in verschiedenen Höhenlagen vorkommen. Sie gehören meist dem temperierten bis kalten Bereich an und wachsen sympodial. Ihre Pseudobulben stehen dicht gedrängt, sind oval und flachgedrückt. Die Blüten entwickeln sich mit der Ausbildung der Pseudobulben und stehen einzeln oder in mehrblütigen Trauben. Der Blütenaufbau erinnert an Stiefmütterchen. Sie brauchen viel Frischluft, dürfen nie völlig austrocknen und müssen möglichst viel Licht bekommen.

Zusammen mit *Oncidium, Odontoglossum* und *Cochlioda* wurden wertvolle, farbenfreudige Hybriden mit haltbaren Blüten gezüchtet. Sie werden für die Fensterbankkultur empfohlen.

Miltonia spectabilis Lindl. stammt aus Brasilien. Auf ovalen, stark abgeflachten, locker aneinandergereihten, etwa 7 cm hohen Pseudobulben stehen zwei schmale, lanzettliche, etwa 10 bis 15 cm lange und 2 cm breite Blätter. Mit dem Neutrieb entwickeln sich seitlich aus dem obersten Niederblatt die einblütigen, etwa 10 cm hohen Blütenstände. Nach dem Ausreifen der Pseudobulben entfalten sich die bis zu 10 cm großen, duftenden Blüten. Die Tepalen sind cremeweiß, purpurrot überhaucht. Die Spitze der inneren Tepalen ist zurückgebogen. Die Lippe ist breit und faltig. Auf weißem Grund leuchtet ein dunkelkarminroter Mittelfleck, der strahlenförmig ausläuft. Die Lippenbasis ist gelb gekielt, der Vorderlappen weiß. Die Pflanze bildet zahlreiche dünne Wurzeln und Nestwurzeln aus. Die einzelnen Blüten halten sich an der Pflanze bis zu vier Wochen.

Interessante Varietäten sind:

– var. *moreliana* Henfr. mit noch etwas größeren Blüten, die schwarzviolette Tepalen und eine hellviolette Lippe mit dunklerer Aderung haben;

- var. *bicolor* Nichols. mit weißen Blüten und einem purpurfarbenen Fleck an der Lippenbasis;
- var. *lineata* Lindl. et Rod., die der var. *bicolor* sehr ähnlich ist. Von dem purpurfarbenen Fleck an der Lippenbasis führen sieben bis zehn gleichfarbige Linien strahlenförmig bis zum Lippenrand.

Kultur: Die Pflanzen werden temperiert bis warm bei möglichst hoher Luftfeuchtigkeit günstig am Block kultiviert. Der Standort sollte hell, aber vor der Mittagssonne geschützt sein. Bei der Kultur im Pflanzgefäß ist auf sehr gute Dränage und Belüftung zu achten, da die Wurzeln sonst sehr leicht absterben. Die Pflanzen müssen kräftig gedüngt werden, da sie nur dann gut blühen. Es empfiehlt sich das Tauchen in eine Volldüngerlösung in Abständen von zwei Wochen, vor allem in der Periode des Neutriebes. Eine Ruhezeit brauchen die Pflanzen nicht. In der lichtarmen Jahreszeit wird das Wachstum lediglich langsamer. Die Blüten benötigen zu ihrer Ausbildung reichlich Licht, sonst werden die Blütentriebe gelb. Das zu wissen ist wichtig, wenn sich Blütentriebe in den Wintermonaten bilden. In dieser Zeit ist den Pflanzen ein heller Standort zu bieten. Die Temperaturen sollten tagsüber 16 bis 18 °C, die Luftfeuchtigkeit 50 bis 70 % betragen. Durch mehrmaliges Besprühen am Tage kann man die erforderliche gleichmäßige Luftfeuchtigkeit erreichen.

Da *Miltonia* in einem Kalenderjahr zwei Vegetationszyklen absolvieren kann und die Pseudobulben leicht zwei Neutriebe bilden, wachsen schnell umfangreiche, reichblühende Pflanzen heran, deren Blütezeit wochenlang andauern kann. Die Empfindlichkeit der Blüten gegen Wasser ist nicht so groß, wie allgemein in der Literatur beschrieben, wenn ein baldiges Abtrocknen gesichert werden kann. Unter dieser Voraussetzung schadet auch das tägliche Tauchen oder Überbrausen den Blüten nicht.

Als weitere geeignete Arten kommen für die Fensterbankkultur in Betracht:

Miltonia candida Lindl., eine epiphytisch wachsende Art aus Brasilien mit 8 cm hohen, flachen, ovalen Pseudobulben und 30 cm langen Blättern. An ihrem Blütenstand entwickeln sich fünf bis zu 9 cm große Blüten. Die Tepalen sind gelb, die inneren Tepalen braun gefleckt. Die Lippe ist weiß und hat zwei purpurviolette Flecken.
Kultur: Temperiert bis warm.

Miltonia clowesii Lindl. stammt ebenfalls aus Brasilien. Ihre Pseudobulben sind 10 cm hoch, oval und abgeflacht. Die zwei großen Blätter sind 40 cm lang. An einem Blütenschaft entwickeln sich bis zu zehn etwa 8 cm große Blüten mit gelben, dunkelbraun gebänderten Tepalen. Die Lippe ist weiß, an der Basis intensiv violett mit kammartigen Schwielen.
Kultur: Temperiert bis warm.

Miltonia phalaenopsis Nichols. wächst epiphytisch in Kolumbien mit nur 3 cm hohen, eiförmigen Pseudobulben und 30 cm langen, schmalen Blättern. Der Blütenschaft trägt drei bis zu 6 cm große, weiße Blüten mit purpurfarbig geaderter Lippe.
Kultur: Temperiert bis kalt.

Odontoglossum H.B.K.

In Mittel- und Südamerika, bevorzugt in tropisch-alpinen Gebirgsregionen, sind die 150 bis 200 Arten der Gattung *Odontoglossum* beheimatet. Sie leben dort epiphytisch oder lithophytisch. Es gibt sowohl zwergige als auch großwüchsige Arten mit sympodialem Sproßaufbau. Die meist ovalen, oft zusammengedrückten Pseudobulben tragen ein bis zwei Blätter. Bevorzugt mit dem Ausreifen des Sprosses entwickeln die Odontoglossen ihre attraktiven Blüten, die in einer wenig- bis reichblütigen Traube angeordnet sind.

Während die mittelamerikanischen Arten entsprechend ihrer temperierten Ansprüche für die Zimmerpflege gut geeignet sind, können die südamerikanischen Hochgebirgsarten nur bedingt in Wohnräumen gepflegt werden. Diese alpinen Pflanzen benötigen für ihr Gedeihen kühle Temperaturen bei relativ hoher Luftfeuchtigkeit (Nebelwaldbedingungen), die in Wohnräumen kaum gegeben sind. Die mittelamerikanischen Arten werden an hellen und nicht zu warmen Standorten gepflegt. Kleinwüchsige Arten gedeihen auch am Block.

Durch umfangreiche Züchtung in den letzten Jahrzehnten existieren jetzt zahlreiche Hybriden innerhalb der Gattung, aber auch Mehrgattungshybriden, vor allem mit *Oncidium, Miltonia* und *Cochlioda,* deren attraktive, haltbare, farbenfreudige Blütenrispen auch als Schnittblumen geeignet sind.

Odontoglossum bictoniense (Batem.) Lindl. lebt epiphytisch oder lithophytisch in Mittelamerika (Mexiko, Guatemala, El Salvador) in Höhen zwischen 1 600 und 3 200 m. Die Pseudobulben sind eiförmig, abgeflacht und etwa 4 cm hoch. Sie tragen zwei schmale, 40 cm lange Blätter. Mehrere Niederblätter (meist vier Stück) umgeben die Pseudobulbe und haben z. T. laubblattartigen Charakter. Der vielblütige Blütenstand entwickelt sich aus dem obersten Niederblatt zusammen mit der Pseudobulbe. Er kann bis zu 150 cm hoch werden und verzweigt sein (selten!). Starke Pflanzen können auch zwei Blütentriebe gleichzeitig ausbilden. Die Einzelblüten werden etwa 5 cm groß. Die Tepalen sind gelbgrün, kräftig rotbraun gefleckt und außen grün gekielt. Die dreieckige bis herzförmige Lippe ist rosa gefärbt, deutlich genagelt und hat entlang des Nagels zwei fein behaarte Lamellen. Die Blüten öffnen sich nacheinander, so daß die Art bei reichblütigem Blütenstand mit einer langen Blütezeit aufwartet. Die Einzelblüten halten sich an der Pflanze bis zu drei Wochen lang. Der Blütenstand ist zum Schnitt geeignet.

Kultur: *Odontoglossum bictoniense* wird temperiert bis kalt in nicht zu großen Pflanzgefäßen mit sehr luftdurchlässigem Pflanzstoff gehalten. In der Wachstumsperiode sind die Pflanzen bei etwa 18 bis 20 °C an einem hellen Ost- oder Westfenster unterzubringen. Durch regelmäßiges Spritzen ist für eine hohe Luftfeuchtigkeit zu sorgen. Sobald das Wurzelwachstum beginnt, sind in Abständen von zwei bis drei Wochen alle Pflanzenteile in eine schwache Volldüngerlösung zu tauchen. Für einen guten Wasserabzug aus dem Wurzelbereich ist Sorge zu tragen, da die Wurzeln gegen stagnierende Nässe empfindlich sind. Die Pflanzen sind bei viel Frischluft mit einer nächtlichen Temperaturabsenkung zu pflegen. Die Ausbildung des Blütentriebes ist durch regelmäßige Wasser- und Düngergaben zu fördern.

Nach dem Abblühen werden die Pflanzen kühler (nachts etwa 12 bis 14 °C) und trockener untergebracht, bis der Neutrieb beginnt.

Insgesamt sind hohe Temperaturen und direkte Sonnenbestrahlung vor allem in den Mittagsstunden zu vermeiden.

Die Ruhezeit dieser Art ist relativ kurz, so daß starke Pflanzen im Jahr mehrmals blühen.

In Räumen mit gleichmäßig hohen Temperaturen, wie sie etwa durch Warmwasserheizungen oder Fernheizungen gegeben sind, können Odontoglossen nur schwer bis zur Blüte gebracht werden. Solche Standorte sind meist zu warm. Besser geeignet sind Räume mit Ofenheizung, wo eine nächtliche Temperaturabsenkung ohne weiteres gegeben ist. Bei Fernheizungen muß der Pfleger entsprechend regulieren. In den wärmeren Jahreszeiten ist die Kultur im Freien an schattigen Standorten möglich. Dabei sind die Pflanzen aber vor Dauernässe zu schützen. Vorsicht vor Schnecken!

Odontoglossum cervantesii Llave et Lex. aus Mittelamerika (Mexiko, Guatemala) ist eine kleinwüchsige Art mit 2 bis 3 cm hohen, ovalen, flachgedrückten Pseudobulben und einem bis zu 15 cm langen, lanzettlichen Blatt. Der hängende Blütenschaft trägt drei bis fünf 6 cm große, weiße Blüten, die angenehm duften. Die Tepalen haben am Grunde rotbraune Striche, die konzentrisch angeordnet sind. Die Lippe trägt einen gelben Kamm und hat am Grunde purpurfarbene Querstreifen. Die Blüten halten sich an der Pflanze bis zu sieben Wochen.

Kultur: Temperiert bis kalt, wie *Odontoglossum bictoniense*. Nach der Blütezeit ist jedoch eine längere Ruheperiode bei abgesenkten Temperaturen bis zum Beginn des Neutriebes einzuhalten. Diese Art ist gegen Nässe im Pflanzstoff sehr empfindlich. Bewährt hat sich die Kultur am Block. Dabei müssen natürlich eine relativ hohe Luftfeuchtigkeit und kühlere Temperaturen gesichert sein. Für eine ausgewogene Düngung – auch Blattdüngung – ist vor allem bei der Blockkultur zu sorgen.

Odontoglossum maculatum Llave et Lex. stammt aus Mexiko und Guatemala und hat bis zu 7 cm hohe, stark abgeplattete, zweischneidige Pseudobulben, die ein großes, etwa 25 cm langes, zungenförmiges Blatt mit dunkleren Längsnerven tragen. Mehrere laubblattarige Niederblätter hüllen die Pseudobulbe bis zur Reife ein. Der 40 cm hohe Blütenstand trägt bis zu 10 Einzelblüten von 6 bis 7 cm Größe mit braunen, am Grunde gelb gefleckten äußeren Tepalen. Die inneren Tepalen sind genagelt, gelb, am Grunde braun gefleckt. Die ebenso gezeichnete Lippe ist kräftig genagelt.

Kultur: Temperiert bis kalt, wie *Odontoglossum bictoniense,* aber während der Wachstumsperiode etwas kühler. Am besten eignet sich ein nicht sonniger Standort bei hoher Luftfeuchtigkeit und luftdurchlässigem Pflanzstoff. Die Ruhezeit ist nur kurz. Tägliches Übersprühen der Pflanze ist zu empfehlen.

Odontoglossum rossii Lindl. lebt epiphytisch in Mittelamerika (Mexiko, Guatemala, Nikaragua) in Bergregionen um 3 000 m. Die Pseudobulben werden bis 5 cm hoch und tragen ein lanzettliches Blatt von 15 cm Länge. Der Blütenstand ist aufrecht und hat bis zu 8 cm breite Einzelblüten. Die äußeren Tepalen sind weiß, rotbraun gefleckt. Die ebenfalls weißen inneren Tepalen sind nur am Grunde rotbraun gefleckt. Die weiße Lippe trägt einen gelben Kamm. Die Blüten halten sich etwa sechs Wochen. Dabei besteht die Gefahr, daß die Pflanze sehr geschwächt wird. Die Blüten sind haltbare Schnittblumen.

Kultur: Wie *Odontoglossum cervantesii.*

Odontoglossum uro-skinneri Lindl. lebt epiphytisch oder lithophytisch in Honduras und Guatemala in Bergregionen um 2 000 m. Die Pseudobulben dieser Art werden etwa 8 cm hoch, sind abgeflacht und tragen ein oder zwei Blätter, die 30 cm lang werden können. Die bis zu 100 cm hohe, vielblütige Inflorescenz ist aufrecht oder übergeneigt und trägt 8 cm große Einzelblüten, die nach Honig duften. Die Tepalen sind oval, grüngelb mit rotbraunen Flecken. Die Lippe ist weiß mit zahlreichen rosa Flecken.

Kultur: Wie *Odontoglossum bictoniense.*

Odontoglossum crispum Lindl. aus den südamerikanischen Anden (Kolumbien, Peru) spielt in der Züchtung eine wesentliche Rolle.

Hybriden dieser Art mit anderen Odontoglossen oder auch Mehrgattungshybriden eignen sich gut für die Zimmerkultur.

Odontoglossum bictoniense × Odontoglossum crispum hat farbenfreudige, 5 bis 6 cm große Blüten. Die Tepalen sind weiß und haben große braunrote Punkte. Die Lippe ist lilarot. Die Blüten halten sich etwa drei Wochen und sind gute Schnittblumen.

Kultur: Wie *Odontoglossum bictoniense.*

Oncidium Sw.

Die Gattung *Oncidium* ist mit mehr als 500 Arten über weite Gebiete Mittel- und Südamerikas (Florida, Mexiko, Karibische Inseln bis Argentinien) verbreitet. Einzelne Arten kommen bis in Höhen von 2 300 m vor. Neben zierlichen Arten sind auch sehr großwüchsige bekannt. Die Blätter können auffallend klein bleiben oder auch kräftig und sukkulent sein. Bei den sympodialen Pflanzen wächst der Sproß waagerecht oder aufsteigend. Die Blütentriebe zeigen sich während oder nach dem Ausreifen der Pseudobulben zwischen den laubblattartigen Niederblättern. Sie sind oftmals vielblütige Trauben oder Rispen, die sehr lang werden können. Typisch für Oncidien sind der fleischige Kallus an der Lippenbasis und die Anhängsel an der Säule, die sogenannten Öhrchen.

Für die Fensterbankkultur sind vor allem die temperiert bis kalt zu haltenden Arten geeignet. Alle anderen Arten benötigen Bedingungen, die in Wohnräumen nicht zu schaffen sind. Dazu zählen vor allem Oncidien aus den Hochgebirgsregionen.

Die temperiert zu haltenden Oncidien werden in der Wachstumsperiode hell, bei regelmäßiger Befeuchtung der Luft und des Pflanzstoffes und guter Nährstoffzufuhr gepflegt. In der anschließenden mehr oder weniger ausgeprägten Ruhezeit bilden sich die Blütentriebe. Kleinwüchsige Arten können auch in Blockkultur gepflegt werden.

Zusammen mit den Gattungen *Cochlioda, Odontoglossum* und *Miltonia* wurden in den letzten Jahrzehnten zahlreiche Hybriden gezüchtet, die haltbare und farbenfrohe Blüten haben. Sie sind nicht nur für den Erwerbsgärtner, sondern auch für den Orchideenfreund interessant.

Oncidium flexuosum Sims stammt aus Brasilien, Argentinien und Paraguay. Es hat 5 bis 10 cm große, ovale, flache Pseudobulben, die auf einer aufsteigenden Sproßachse stehen. Jede Pseudobulbe trägt zwei 20 bis 25 cm lange und 2 bis 3 cm breite Blätter und am Grunde laubblattartige Niederblätter, zwischen denen der bis zu 130 cm lange Blütenstand mit zahlreichen 2,5 cm großen Blüten steht. Die Tepalen sind grünlichgelb, braun gebändert und gefleckt. Die Lippe ist leuchtend gelb, dreilappig. Sie hat einen kammartigen rotbraunen Kallus.

Kultur: Die Pflanze wird temperiert, sehr hell und am Block kultiviert. Während der Entwicklung des Neutriebes ist sie warm und bei möglichst hoher Luftfeuchtigkeit zu halten. Das wird durch häufiges Spritzen oder Tauchen erreicht. Während dieser Zeit sind die Pflanzen gut zu ernähren. Nach Triebabschluß werden die Temperaturen auf etwa 15 °C abgesenkt. Der Standort sollte aber nach wie vor möglichst hell sein, da so die Blütenbildung gefördert wird. Die Pflanze bildet verzweigte Blütenstände aus, z.T. noch nach dem Abblühen des Hauptblütentriebes.

Oncidium ornithorhynchum H. B. K. aus Mittelamerika (Mexiko bis Kostarika) hat abgeflachte, bis 8 cm hohe Pseudobulben mit 2 bis 3 länglichen, 30 cm langen Blättern und laubblattartigen Niederblättern. Zwischen den Niederblättern entwickeln sich bis zu drei überhängende, verzweigte, vielblütige Blütenstände, noch während sich die Pseudobulben kräftigen. Die Blüten sind 2,5 cm groß. Alle Blütenblätter sind rosa. Die Lippe ist dreilappig mit großem, eingeschnittenem Mittellappen. Der Kallus ist gelb und warzig. Die Säule hat eine vogelschnabelähnliche Spitze. Kultur: Die Pflanze wird das ganze Jahr über temperiert bis warm mit einer nur angedeuteten Ruhezeit gepflegt. Sie ist vor der Mittagssonne zu schützen. Bei guter Ernährung bringt die Pflanze zweimal im Jahr Neutriebe. Während der Wachstumsperiode benötigt sie vor allem im Blattbereich ausreichende Feuchtigkeit. Stehende Nässe darf in den Neutrieben nicht verbleiben, da sie leicht ausfaulen. Frischluftzufuhr, auch im Wurzelbereich, und regelmäßiges Düngen kräftigen die Pflanzen. Blattdüngung ist wichtig! Die dünnen Wurzeln sind jedoch feuchtigkeits- und salzempfindlich. Große Pflanzen erreichen durch viele Blütentriebe lange Blühzeiten.

Oncidium sphacelatum Lindl. wächst in Mittelamerika (Mexiko, Honduras, Guatemala) epiphytisch oder lithophytisch in Höhen um 1 000 m. Die Pseudobulben werden bis 15 cm hoch, sind breit, oval und abgeflacht. Sie tragen zwei bis drei etwa 50 cm lange, schmale Blätter und sind von laubblattartigen Niederblättern umgeben. Zwischen den obersten Niederblättern steht der Blütenstand, der bis zu 150 cm lang wird, überhängt und reichlich verzweigt ist. Die zahlreichen Einzelblüten sind etwa 3 cm groß. Ihre Tepalen sind länglich, spitz, goldgelb und rotbraun gefleckt. Die Lippe wird von einem nierenförmigen Mittellappen geprägt, der auf goldgelbem Grund unterhalb der Schwiele rotbraune Bänder hat. Die Pflanze neigt zur Horstbildung, die Pseudobulben stehen sehr eng. Sie entwickelt zahlreiche lange, dünne Wurzeln, die schnell aus dem Pflanzgefäß herauswachsen. Kultur: In der Wachstumsperiode wird die Pflanze sehr hell, bei Temperaturen zwischen 20 und 25 °C und möglichst hoher Luftfeuchtigkeit, aber nur mäßiger Ballenfeuchtigkeit gehalten. Die dünnen Wurzeln entwickeln sich sehr reichlich, sind aber gegen stauende Nässe sehr empfindlich. Das gleiche gilt für die Neutriebe. Die Ruhezeit beginnt im Oktober bei Temperaturen von 10 bis 15 °C. Zu dieser Zeit sind die Pseudobulben noch nicht vollständig ausgebildet. Die Ruhezeit ist aber zur Blüteninduktion unerläßlich. Die relativ starken Pflanzen sind in der Wachstumszeit regelmäßig zu düngen.

Oncidium splendidum A. Rich. ex Duchartre lebt terrestrisch oder epiphytisch in Guatemala und Honduras. Auf etwa 3 bis 4 cm hohen, runden, seitlich abgeflachten Pseudobulben steht ein derbes, fleischiges, bis 30 cm langes, graugrünes Blatt. Der Blütenstand wird bis 100 cm lang und trägt bis zwanzig Einzelblüten von 5 cm Größe. Die Tepalen sind grünlichgelb, rotbraun gefleckt. Die Lippe hat einen großen, goldgelben Mittellappen.

Kultur: *Oncidium splendidum* benötigt einen sehr hellen, sonnigen Standort, viel Frischluft und in der Triebperiode Temperaturen von 20 bis 25 °C. In den Herbst- und Wintermonaten ist eine deutliche Ruhezeit bei abgesenkten Temperaturen um 12 bis 15 °C erforderlich. Zur Blüteninduktion braucht sie auch in dieser Zeit viel Licht. Die Wurzeln dieser Art sind sehr lufthungrig und feuchtigkeitsempfindlich. Deshalb ist die Planze besser für Blockkultur geeignet als für Topfkultur. Der Pflanzstoff muß sehr luftdurchlässig sein und darf nur wenig Feuchtigkeit binden.

Ornithophora Barb.- Rodr.
Diese Gattung wird von nur einer Art repräsentiert.
Ornithophora radicans (Rchb. f.) Pabst et Garay, Syn.: Sigmatostalix radicans, stammt aus dem tropischen Regenwald Brasiliens. Sie lebt dort epiphytisch und hat engstehende, etwa 3 cm hohe, ovale Pseudobulben, auf denen zwei grasartige, schmale, bis 15 cm lange Blätter sitzen. Die Pseudobulben sind von zwei nur etwas kleineren Niederblättern eingehüllt. Zwischen diesen entwickelt sich mit dem Ausreifen der Pseudobulbe der etwa 12 cm hohe Blütenstand, der zehn bis fünfzehn unscheinbare, etwa 1 cm große, duftende Blüten trägt. Die Lippe zeigt nach oben. Sie ist deutlich genagelt, nierenförmig, weiß mit zwei seitlichen rötlichen Spitzen, in der Mitte mit weißen Kämmen. Auf dem Nagel ist ein fleischiger, goldgelber Kallus. Die Säule ist dunkelviolett, die Antherenkappe gelb mit schnabelartiger, rotbrauner Spitze. Die Tepalen sind länglich, schmal, olivgrün und zurückgebogen.
Kultur: Die Pflanze ist für Tontöpfe nicht geeignet. Sie wird am Block kultiviert. Die Wurzeln sind gegen Nässe sehr empfindlich. In der Wachstumsperiode ist ein Standort mit möglichst hoher Luftfeuchtigkeit und Temperaturen von 18 bis 20 °C erforderlich. Vor der Mittagssonne sind die Pflanzen zu schützen.
Tägliches Übersprühen, möglichst am Morgen, und Volldüngergaben in Abständen von vierzehn Tagen sind zu empfehlen. Am Ende der Wachstumsperiode bilden sich die Blütentriebe. Nach dem Abblühen wird eine kurze Ruheperiode bei Temperaturen von 15 bis 18 °C eingehalten, bis sich die Neutriebe zeigen. Bei entsprechenden Kulturbedingungen bilden sich bald umfangreiche Pflanzenbüschel mit zahlreichen Blütentrieben, die mehrere Wochen lang blühen. Die Blüten werden durch das Übersprühen nicht geschädigt, wenn sie bald abtrocknen.

Osmoglossum Schlecht.
In Mittelamerika, von Mexiko bis Panama, leben die drei Arten dieser Gattung als Epiphyten in Höhen bis 2 500 m. Sie haben dichtstehende Pseudobulben mit zwei lanzettlichen Blättern. Ihre Blüten werden mit dem Ausreifen der Neutriebe gebildet. Sie stehen auf einer aufrechten, mehrblütigen Traube. Wegen der fehlenden Resupination des Fruchtknotens ist die Lippe nach oben gerichtet. *Osmoglossum* wurde von der Gattung *Odontoglossum* abgetrennt.
Osmoglossum pulchellum (Batem. ex Lindl.) Schlecht., Syn.: Odontoglossum pulchellum, kommt aus Mittelamerika (Mexiko bis Kostarika) und lebt in Höhenlagen um 2 000 m. Die etwa 8 cm hohen Pseudobulben sind schmal, abgeflacht und tragen zwei schmale Blätter bis zu 30 cm Länge. Der Blütenstand wird etwa 30 cm lang und trägt bis zu 15 wachsartige Blüten von 3 cm Größe. Die Tepalen sind weiß. Die Lippe ist dreilappig mit großem Mittellappen, weiß mit gelbem, rötlich punk-

tiertem Kallus. Die Blüten duften angenehm. Blütenanordnung, Farbe und Duft führten zu der Bezeichnung Maiglöckchenorchidee.

Kultur: Die Pflanze wird am Block oder in möglichst kleinen Kulturgefäßen mit nur wenig Pflanzstoff gehalten. In der Triebzeit braucht sie einen temperierten Standort, der nicht zu warm und ohne längere Sonneneinstrahlung ist. Er muß aber möglichst hell sein. Gute Frischluftzufuhr und hohe Luftfeuchtigkeit sind erforderlich. Der Wurzelbereich ist nur kurzzeitig naß zu halten und sollte zwischen den Wassergaben abtrocknen. Nach Triebabschluß folgt eine längere kühle Ruhezeit bei etwa 15 °C an einem nach wie vor hellen Standort bei ausreichender Luftfeuchtigkeit, so daß die Pseudobulben nicht eintrocknen, der Ballen aber trocken bleibt. Die Art ist für ständig warme Wohnräume nicht geeignet.

Paphiopedilum Pfitz.

Aus dem tropischen Südostasien, von Südchina und dem Himalaja-Gebiet bis Neuguinea, stammt die Gattung *Paphiopedilum,* deren Vertreter mit zu den populärsten Orchideen gehören. Etwa 60 Arten leben terrestrisch, manche auch lithophytisch oder epiphytisch in unterschiedlichen Gebieten von der Ozeanküste bis in Höhen von etwa 2 000 m. Ebenso unterschiedlich sind die Lebensansprüche der einzelnen Arten. Aus allen Temperaturbereichen können wir Vertreter finden. Deshalb lassen sich einige Arten auch gut an den Wohnzimmerfenstern pflegen. Alle *Paphiopedilum*-Arten haben keine Speicherorgane. Sie entwickeln eine Blattrosette auf einem mehr oder weniger stark ausgebildeten, gestauchten Sproß. Ihre Blätter sind wechselständig. Wir unterscheiden vier wesentliche Untergattungen:

1. *Barbata* Kraenzl. haben marmorierte Blätter. Innere und äußere Tepalen sind unterschiedlich geformt. Die inneren Tepalen sind länglich.
2. *Brachypetalum* Hall. haben marmorierte Blätter. Alle Tepalen sind ähnlich geformt. Der Schuh ist bei dieser Untergattung relativ klein. *Brachypetalum*-Arten sind meist kalkliebend, wachsen lithophytisch und haben einen hohen Wärme- und Luftfeuchtigkeitsbedarf.
3. *Paphiopedilum* Pfitz. sind Pflanzen mit grünen Blattoberseiten und einblütigen Infloreszenzen.
4. *Polyantha* (Pfitz.) Brieg. sind mehrblütige Arten.

Die Blüten der Gattung *Paphiopedilum* haben einen ganz charakteristischen Aufbau. Das dorsale Tepalum ist zur sogenannten Fahne vergrößert. Die beiden äußeren Tepalen sind zum Syntepalum verwachsen, das der Fahne entgegengerichtet ist. Die seitlichen inneren Tepalen sind abstehend, oft mit Warzen und Haaren besetzt. Die Lippe ist schuhförmig und hat der Gattung ihren Namen gegeben.

Grünblättrige Arten sind meist kühl bis temperiert mit ausgeprägter Ruheperiode zu pflegen.

Arten mit marmorierten Blättern brauchen in der Triebzeit Wärme, danach eine längere oder auch nur kurz angedeutete Ruhezeit zur Blüteninduktion. Ruhezeit bedeutet bei *Paphiopedilum* abgesenkte Temperaturen, aber nur mäßige Trockenperiode. Diese Orchideen ohne Speicherorgane sind auf die erforderliche Feuchtigkeitszufuhr angewiesen.

Arten der Untergattung *Brachypetalum* fordern einen ständig warmen Standort, in der Triebzeit eine stets gleichmäßige Feuchtigkeitszufuhr und einen Pflanzstoff mit guter Dränage, da ihre Wurzeln gegen stehende Nässe empfindlich sind.

Arten mit mehrblütigen Infloreszenzen werden warm und etwas heller gepflegt. Die Ballenfeuchtigkeit ist zu reduzieren.

Bei allen *Paphiopedilum*-Arten muß auf viel Frischluftzufuhr geachtet werden.

Schon seit mehr als einhundert Jahren werden Hybriden von *Paphiopedilum* gezüchtet. Es existiert eine Fülle von Kreuzungen, die wegen ihrer guten Eigenschaften als Schnittblumen von Erwerbsgärtnern und auch von Orchideenliebhabern geschätzt werden. Sie rufen durch ihre interessanten Formen und Zeichnungen immer wieder Bewunderung hervor.

Die heutige *Paphiopedilum*-Züchtung wird in folgenden drei wesentlichen Richtungen vorangetrieben:

– Herausbildung großer, runder und geschlossener Einzelblüten;
– Entwicklung produktiver Pflanzen mit farbigen, kontrastreichen, wildformähnlichen Blüten mit möglichst langen Stengeln;
– Herausbildung attraktiver mehrblütiger Hybriden.

Arten mit marmorierten Blättern:

Paphiopedilum callosum (Rchb. f.) Stein stammt aus Thailand und Vietnam. Es hat etwa 20 cm lange und 5 cm breite Blätter, die hell marmoriert sind. Auf einem bis zu 30 cm hohen Blütenstiel öffnet sich meist eine, selten zwei Blüten, die 11 cm groß werden können. Die breite, grüne bis weiße Fahne hat an der Basis grüne und darüber purpurrote Längsnerven. Die inneren Tepalen werden bis zu 6 cm lang und bis 2 cm breit. Sie sind grün geadert, zur Spitze hin rotbraun überlaufen und am Rand mit dunklen, behaarten Warzen besetzt. Häufig sind sie nach unten und hinten geneigt. Der Schuh ist rotbraun mit dunklerer Aderung. Die Art ist sehr variabel.

Kultur: Die Pflanze wird temperiert und ohne deutliche Ruhezeit an einem nicht zu hellen, schattierten Standort gepflegt. Die Mittagssonne muß in jedem Fall gemieden werden. Bei Temperaturen von 20 bis 25 °C ist für eine gleichbleibende Feuchtigkeit sowohl im Ballen als auch im Blattbereich zu sorgen. Nachts sollen die Pflanzen etwa 5 K kühler stehen. Dabei ist zu sichern, daß sie in der Blattregion abgetrocknet sind. Der Pflanzstoff soll locker und luftdurchlässig sein. Ein Zusatz von Kalkbrocken bzw. Mergel ist zu empfehlen. Nach dem Ausreifen der Neutriebe wird eine Ruhezeit nur angedeutet, bis die Blütentriebe erscheinen. Die Blüten halten sich an der Pflanze bis zu vier Wochen, wobei die Gefahr besteht, daß die Pflanze sehr geschwächt wird. Es ist daher ratsam, die Blüten spätestens nach vierzehn Tagen zu schneiden.

Während der Triebzeit wird in Abständen von vierzehn Tagen die gesamte Pflanze in eine schwache Volldüngerlösung getaucht.

Für Blattdüngung sind *Paphiopedilum* sehr dankbar. Bei *Paphiopedilum*-Arten ist das Wachstum der Wurzeln sorgfältig zu beobachten und durch entsprechende Feuchtigkeitsdosierung zu fördern. Zuviel Feuchtigkeit schadet den Wurzeln. Die Luftdurchlässigkeit darf mit zunehmender Verrottung des Pflanzstoffes nicht behindert werden.

Paphiopedilum sukhakulii Schoser et Sengh. kommt aus Thailand. Die bis 20 cm langen und 5 cm breiten Blätter sind grün mit heller Marmorierung, besonders gekennzeichnet durch einen rauhen Rand am Blattgrund. Auf einem 25 cm hohen Blütenstiel steht eine sehr attraktive Blüte von etwa 13 cm Breite und 8 cm Höhe mit einer relativ kleinen, weißen, dicht grün genervten und spitzen Fahne und zwei auffallend breiten, gelbgrünen inneren Tepalen, grün genervt mit zahlreichen dunkelbraunen Flecken und am Rand behaart. Sie sind an den Enden zugespitzt. Der Schuh ist rotbraun, mit dunkleren, netzartigen Streifen gezeichnet. Die Blüten halten sich bis zu drei Monate lang an der Pflanze.

Kultur: Wie bei *Paphiopedilum callosum*.

Paphiopedilum Maudiae ist eine Hybride aus *Paphiopedilum callosum* var. *sanderae* hort. und *Paphiopedilum lawrenceanum* var. *hyeanum* Rchb. f. Beide Elternteile sind Albino-Formen. Die Blätter sind bis 25 cm lang und 5 cm breit, hell marmoriert. Der Blütenstand wird 30 cm hoch und trägt eine Blüte von 11 cm Durchmesser. Die große Fahne ist grünlichweiß mit grünen Nerven. Die inneren Tepalen sind ebenfalls grünlichweiß mit grünen Streifen und weißlichen, behaarten Warzen. Der Schuh ist gelbgrün. Die Blüten halten sich an der Pflanze bis zu drei Monate lang.

Kultur: Wie bei *Paphiopedilum callosum*.

Paphiopedilum Clair de Lune ist dem *Paphiopedilum* Maudiae sehr ähnlich. Beide Elternpflanzen *(Paphiopedilum* Alma Gavaert und *Paphiopedilum* Emerald) stammen von *Paphiopedilum* Maudiae ab.

Kultur: Wie bei *Paphiopedilum callosum*.

Paphiopedilum Harrisianum ist eine Hybride aus *Paphiopedilum barbatum* (Lindl.) Pfitz. und *Paphiopedilum villosum* (Lindl.) Stein. Die Blätter werden bis 20 cm lang und etwa 3 cm breit. Sie sind am Grunde rot punktiert. Der etwa 25 cm hohe Blütenstand trägt eine Blüte von 9 cm Durchmesser. Die Fahne ist rotbraun mit dunkleren Nerven, am Rande weißlich und zur Spitze hin grünlich überlaufen. Die inneren Tepalen sind rotbraun mit dunkleren Streifen. Die Blüten halten sich an der Pflanze etwa vier Wochen lang.

Kultur: Wie bei *Paphiopedilum callosum*.

Paphiopedilum venustum (Wall.) Pfitz. stammt aus dem Himalaja-Gebiet und ist eine Bergorchidee mit etwa 15 cm langen, gescheckten Blättern und einer etwa 8 cm großen Blüte. Die Fahne ist weiß mit grünen Adern. Die inneren Tepalen sind hellgrün, zur Spitze hin rotbraun, mit großen rotbraunen Punkten besetzt und am Rande behaart. Der Schuh ist gelbgrün, rot überlaufen mit netzartigen, grünen Aderungen.

Kultur: Diese Art wird etwas kühler gehalten als *Paphiopedilum callosum*, in der Wachstumsperiode temperiert. Danach wird etwa ab Mitte September, wenn der Neutrieb gut entwickelt ist, die Temperatur abgesenkt und die Feuchtigkeitszufuhr entsprechend gedrosselt. Diese kühlere Periode ist zum Ausreifen des Triebes und zur Blüteninduktion erforderlich. Insgesamt ist für viel Frischluft zu sorgen, damit feuchte Pflanzenteile schnell abtrocknen. Regelmäßiges Überbrausen in den Nachmittagsstunden vertragen die Pflanzen sehr gut, da dies ihren heimatlichen Lebensbedingungen sehr nahe kommt. Unschattierte Südfenster sind keine geeigneten Standorte. Der Zusatz von Kalksteinbrocken zum Pflanzstoff sagt den Pflanzen sehr zu.

Arten mit grünen Blättern:

Paphiopedilum fairieanum (Lindl.) Stein kommt ebenfalls aus dem Himalaja-Gebiet (Sikkim, Bhutan, Assam, Südtibet) und hat 20 cm lange und etwa 3 cm breite Blätter. Die Blüte wird 8 cm groß und trägt eine weiße, rotbraun gestreifte Fahne. Die inneren Tepalen sind grünlichweiß, zur Spitze hin rötlich, rotbraun gestreift, mit gewelltem Rand und mit Haaren besetzt. Der Schuh ist bräunlichgrün mit zarten, rotbraunen Streifen.

Kultur: Wie *Paphiopedilum venustum*, etwas kühler (untere Grenze des temperierten Bereiches) und an einem helleren Standort.

Paphiopedilum insigne (Wall. ex Lindl.) Stein stammt aus dem Himalaja-Gebiet (Assam, Bangladesh, Nepal). Seine Standorte liegen dort auf Dolomitfelsen bis in Höhen von 2 000 m.

Die grünen Blätter sind am Grunde braunviolett überhaucht und werden bis zu 30 cm lang, aber nur etwa 2,5 cm breit. Der dicht braun behaarte Blütenstiel wird 25 cm hoch und trägt eine lackglänzende Blüte von 8 bis 12 cm Durchmesser. Die nach hinten gebogene Fahne ist breitoval, gelb oder gelbgrün mit einem weißem Rand und reichlich mit dunkelbraunen Flecken und Punkten besetzt. Die inneren Tepalen sind gelbgrün mit einem gewellten Rand, am Grunde behaart und insgesamt mit netzartigen, hellbraunen Streifen gezeichnet. Der glockenförmige Schuh ist gelbbraun mit dunkleren braunen Streifen. Die Wurzeln sind lang, braun und fleischig. Die Pflanze variiert sehr stark, so daß viele Varietäten beschrieben werden.

Kultur: *Paphiopedilum insigne* ist kalt bis temperiert zu halten. In der Wachstumszeit braucht es einen sehr hellen Standort, jedoch ohne direkte Mittagssonne, gleichbleibende Temperaturen um etwa 20 °C, gleichbleibende Feuchtigkeit und viel Frischluft. Im Winter genügen Temperaturen um 10 °C. Voraussetzung für die Blüteninduktion sind Nachttemperaturen um 13 °C etwa sechs Wochen lang, dann blüht die Pflanze fünf bis sechs Monate später. Der Pflanzstoff soll luftdurchlässig sein, da die Wurzeln bei zu viel Feuchtigkeit leicht absterben. Eine Kalkbeimischung zum Pflanzstoff ist zu empfehlen, da sie den heimatlichen Standortbedingungen entspricht. Sobald sich die Wurzeln bilden, kann in 14tägigem Rhythmus gedüngt werden. Dabei wird die gesamte Pflanze in eine schwache Volldüngerlösung getaucht. Die Blattdüngung spielt bei der Ernährung dieser Art eine wesentliche Rolle.

Paphiopedilum insigne ist auch für die Kultur im Freien, auf dem Balkon oder im Garten geeignet. Es muß jedoch für ausreichende Luftfeuchtigkeit und Beschattung gesorgt werden. Bei zu starker direkter Sonneneinstrahlung vergilben und verbrennen die Blätter. Mit dem Aufenthalt im Freien ist die zur Blüteninduktion erforderliche nächtliche Temperaturabsenkung in den Monaten April/Mai relativ leicht zu ermöglichen. Solche Pflanzen blühen nach Triebabschluß in den Monaten Oktober bis Dezember aus den vorjährigen Trieben.

Die Blüten halten sich an der Pflanze vier bis sechs Wochen und sind gute Schnittblumen.

Paphiopedilum Leeanum × **Paph. Chantinii** n.r. ist eine Hybride, die sich für die Fensterbank gut eignet.

Kultur: Wie *Paphiopedilum insigne*.

Phalaenopsis Bl.

Die etwa 40 epiphytischen Arten der Gattung stammen aus dem tropischen Asien (Südchina, Bangladesh, Malaiischer Archipel) und aus Nordostaustralien. Es sind monopodiale Pflanzen mit kurzen, beblätterten Sprossen und langen, verzweigten, fleischigen Wurzeln. Die Blätter sind dickfleischig. Zwischen ihnen entwickeln sich die seitlichen, überhängenden Blütentrauben. Die Blüten sind durch breite, ovale, abstehende Tepalen und eine mehrlappige Lippe charakterisiert. Die Seitenlappen der Lippe stehen ab oder sind nach oben gerichtet, der Mittellappen ist länglich bis herzförmig mit ankerartiger Spitze und fadenförmigen Fortsätzen.

Noch geht den *Phalaenopsis* der Ruf voraus, daß sie empfindliche Warmhauspflanzen sind, die nur bei möglichst hohen Temperaturen und ständig hoher Luftfeuchtigkeit zu pflegen sind. Diese Meinung muß revidiert werden. *Phalaenopsis* sind auch auf der Fensterbank mit Erfolg zu pflegen. Voraussetzung ist eine gleichmäßige Umgebungstemperatur von 20 bis 22 °C, ein heller, aber nicht zu sonniger Standort in der Triebperiode und eine regelmäßige Befeuchtung. Solche Bedingungen sind in Wohnräumen mit Fern- oder Warmwasserheizung möglich. Beim Besprühen ist darauf zu achten, daß in den neuen Blatttrieben keine Nässe stehenbleibt. Der Pflanzstoff darf nie ganz austrocknen, muß aber möglichst viel Luft durchlassen. Zur Blüteninduktion ist eine kühlere Periode zwischen 15 und 18 °C einzuschalten.

Wegen der guten Eigenschaften als Schnittblumen wurde eine Vielzahl von formen- und farbenreichen Hybriden gezüchtet. Es gibt aber auch farbenfrohe, kleinbleibende Arten für den Orchideenfreund.

Phalaenopsis amabilis (L.) Bl. kommt aus Malaysia und Neuguinea und hat bis zu 30 cm lange, hellgrüne, fleischige Blätter. Der überhängende, verzweigte Blütenstand wird bis zu 80 cm lang und trägt Einzelblüten von 12 cm Größe. Die Blüten haben breite, weiße Tepalen und eine gelbliche, rotgestreifte, dreilappige Lippe. Kultur: Die Pflanzen müssen warm bis temperiert an hellen, jedoch vor der direkten Sonneneinstrahlung geschützten Standorten gehalten werden. Die möglichst gleichmäßigen Temperaturen sollten in der Wachstumsperiode 20 bis 28 °C mit geringer Nachtabsenkung betragen. Für viel Luftfeuchtigkeit und regelmäßige Blattdüngung ist zu sorgen. Nach den Sommermonaten werden die Temperaturen auf 15 bis 18 °C abgesenkt und die Wasserzufuhr etwas verringert, aber nicht eingestellt. Dadurch wird die Blüteninduktion gefördert.

Die Pflanzgefäße müssen luftdurchlässig sein und stagnierende Nässe ausschließen. Bei zu warmer und feuchter Pflege bilden sich anstelle von Blüten Neutriebe. An nicht zu weit abgeschnittenen Blütentrieben können sich erneut Blütentriebe oder auch Jungpflanzen ausbilden, eine Möglichkeit der vegetativen Vermehrung.

Phalaenopsis fasciata Rchb.f. stammt von den Philippinen. Sie hat 20 cm lange und bis 7 cm breite, fleischige, hellgrüne Blätter. An den etwa 15 cm langen Blütenständen entwickeln sich nacheinander die bis zu 5 cm breiten Blüten. Sie sehen wachsartig aus. Ihre Tepalen sind schmal, zartgelb und rotbraun fleckig quergebändert. Die Lippe ist dreilappig. Die Seitenlappen stehen aufrecht, sind an den Spitzen zusammengeneigt und zartlila überhaucht. Der Vorderlappen ist ausgebreitet, in der Mitte gekielt, zartlila und an der Basis goldgelb. Kultur: Wie *Phalaenopsis amabilis*.

Phalaenopsis stuartiana Rchb.f. kommt von den Philippinen. Sie hat dunkelgrüne, grau marmorierte, an der Unterseite rötlich überlaufene Blätter. Der Blütenstand wird etwa 80 cm lang, die Einzelblüten werden etwa 6 cm groß. Die äußeren Tepalen sind weiß, in der unteren Hälfte grünlich mit rotbraunen Punkten. Die in-

neren Tepalen sind weiß. Die Lippe ist dreilappig. Mittellappen und Basis der Seitenlappen sind grünlich mit rotbraunen Flecken. Der Mittellappen hat eine ankerförmige Spitze.
Kultur: Wie *Phalaenopsis amabilis.*

Phragmipedium (Pfitz.) Rolfe
Von dieser Gattung wurden etwa 10 Arten in Mittel- und Südamerika (Panama bis Brasilien) entdeckt. Sie leben dort epiphytisch oder lithophytisch. Es sind stammlose Pflanzen mit kräftigen Blattrosetten ohne Speicherorgane. Die Blüten gleichen weitgehend denen der *Paphiopedilum*-Arten. Charakteristisch sind die z.T. fadenförmig verlängerten inneren Tepalen und die mehrblütigen Trauben. Die Blüten werden vor dem Verblühen (Verwelken) abgestoßen. Zum Schnitt sind sie nicht geeignet.
Phragmipedium Sedenii ist eine Hybride aus *Phragmipedium longifolium* (Rchb. f. et Warscz.) Rolfe und *Phragmipedium schlimii* (Rchb. f.) Rolfe. Die hellgrünen Blätter dieser Pflanze sind etwa 2 cm breit und bis zu 30 cm lang. Der etwa 30 cm hohe Blütenschaft trägt mehrere, bis zu sieben Einzelblüten von 8 cm Durchmesser. Die Blütenblätter sind weißlichrosa, längs des Mittelnerves grünlich, am Rande und an der Spitze rot überlaufen.
Die Lippe ist aufgeblasen, leuchtend dunkelrosa und am Grunde weiß mit roten Punkten. Die Blütenblätter sind am Rande leicht behaart. Die Blüten entfalten sich nacheinander und halten jeweils etwa 14 Tage. Danach werden sie abgestoßen, ohne verwelkt zu sein. Bei starken Pflanzen kann sich der Blütenstand auch verzweigen.
Kultur: *Phragmipedium* Sedenii wird in einem Pflanzstoff für epiphytische Orchideen gepflegt, so daß ein guter Wasserabzug gewährleistet ist. Die Pflanze wird halbschattig und temperiert gehalten, ohne eine besondere Ruheperiode. Gleichmäßige Ballenfeuchtigkeit und regelmäßiges Spritzen in der Blattregion fördern das Wachstum. Gedüngt wird, wenn sich Neutriebe entwickeln, etwa nach jeweils 14 Tagen. Dabei wird die ganze Pflanze samt Pflanzgefäß in eine Volldüngerlösung getaucht.

Rossioglossum (Schlechter) Garay et Kennedy
Die Gattung *Rossioglossum* wurde erst in jüngster Zeit von *Odontoglossum* abgetrennt. Es sind sechs Arten aus Mittelamerika (Mexiko, Guatemala, Kostarika, Panama) bekannt, die epiphytisch oder lithophytisch in den nebelfeuchten Bergwäldern zwischen 1 000 und 2 700 m vorkommen. Es sind großblütige, farbenfrohe Orchideen mit breit-eiförmigen, gedrungenen Pseudobulben und zwei derben Blättern.
Rossioglossum grande ist seit langem als Tigerorchidee bekannt und gilt heute noch als leicht zu pflegende Anfängerorchidee. Mit der zunehmenden Umstellung von Ofenheizung auf Fern- und Warmwasserheizung werden aber die ihr zusagenden Pflegevoraussetzungen verschlechtert.
Trotz der attraktiven Blüten gibt es bisher nur wenige Hybriden.
Rossioglossum grande (Lindl.) Garay et Kennedy, Syn.: Odontoglossum grande, wächst in Mexiko und Guatemala in Höhenlagen von 1 500 bis 2 700 m. Es hat auch

bei uns auf der Fensterbank eine gewisse Verbreitung gefunden. Zwei bis zu
30 cm lange, derbe Blätter sind etwa 7 cm breit, eiförmig, zugespitzt und sitzen auf
etwa 10 cm hohen, abgeflachten, graugrünen, eiförmigen Pseudobulben. Im Jugendstadium sind dieBlattunterseiten mit braunen Schuppen besetzt. Der aufrechte
Blütenstand kann bis zu acht große, fast 20 cm breite Blüten tragen. Die äußeren Tepalen sind lanzettlich zugespitzt, grünlichgelb mit rotbraunen Bändern. Die breiten
inneren Tepalen sind gelb, am Grunde rotbraun und haben einen gewellten Rand.
Die weißliche Lippe ist dreilappig. Der kreisrunde Mittellappen hat rotbraune Striche und Bänder. Die Blüten glänzen wachsartig und halten sich an der Pflanze bis zu
drei Wochen lang. Sie sind zum Schnitt geeignet.
Die Wurzeln sind dick und fleischig, luftbedürftig und sehr feuchtigkeitsempfindlich.
Am heimatlichen Standort ist diese Art nahezu ausgerottet.
Kultur: *Rossioglossum grande* wird in einem gut luftdurchlässigen Pflanzstoff gepflegt, der die Feuchtigkeit nicht zu lange hält, aber eine gute Ernährung dieser kräftigen Pflanzen sichert. In der Wachstumsperiode sollte der Standort möglichst temperiert, nicht zu warm, und hell, aber ohne direkte Sonneneinstrahlung, sein. Viel
Frischluft und hohe Luftfeuchtigkeit sind unbedingt erforderlich. Zum Ausreifen
der Pseudobulben und zur Blütenbildung am Ende der Wachstumsperiode ist ein
kühlerer (etwa 10 °C bis max. 15 °C), heller und sonniger Standort zu wählen. Der
Blütenstand entwickelt sich mit der Pseudobulbe, so daß diese erst nach dem Abblühen vollständig ausreift. Erst danach wird eine kühle und trockene Periode eingeschaltet (etwa 10 °C). Wichtig ist immer eine deutliche Temperaturabsenkung in
den Nachtstunden. Bei zu warmem Standort wird die Blütenbildung unterdrückt.
Rossioglossum grande braucht neben einem kühlen Standort vor allem viel Luftfeuchtigkeit, die man das ganze Jahr über, auch während der Ruheperiode, durch
morgendliches Übersprühen zuführen kann.
Diese attraktive Orchidee ist auf der Fensterbank keinesfalls leicht zu pflegen. Sie ist
für Zimmer mit Ofenheizung besser geeignet als für moderne fernbeheizte Neu-
bauwohnungen. Als geeigneter Standort hat sich ein Nordostfenster erwiesen in einem Raum, der nicht oder doch nur in den Wintermonaten so beheizt wird, daß die
Temperaturen 10 °C nicht wesentlich über- oder unterschreiten.
In den Sommer- und Herbstmonaten ist die Kultur im Freien empfehlenswert. Dabei ist aber besonders sorgfältig auf Schnecken zu achten. Neutriebe und Blütentriebe werden schnell und gründlich von ihnen abgefressen.
Rossioglossum schlieperianum (Rchb.f.) Garay et Kennedy aus Kostarika und
Panama entspricht im Habitus *Rossioglossum grande,* ist jedoch insgesamt etwas
kleiner. Die Einzelblüten werden etwa 10 cm breit. Die Tepalen sind gelb mit rot-
brauner Bänderung. Die Lippe ist bandförmig, an den Seiten eingezogen, hellgelb
mit braunroten Zeichnungen.
Kultur: Kalt bis temperiert.
Rossioglossum williamsianum (Rchb.f.) Garay et Kennedy entspricht im Habitus
Rossioglossum grande. Die Blüten sind etwas kleiner.
Kultur: Kalt bis temperiert.
Bei beiden Arten entwickelt sich der Blütenstand zugleich mit dem Neutrieb am
vorjährigen Trieb.

Stanhopea Frost ex Hook.

Etwa 50 Arten leben epiphytisch in den Gebieten von Mexiko bis Brasilien. Es sind sympodiale Pflanzen mit runden, gefurchten Pseudobulben und einem derben, breiten Blatt. Sie bilden nach Triebabschluß einen mehrblütigen, nach unten hängenden Blütenstand mit fleischigen, bizarren, großen, duftenden Blüten aus.

Stanhopea hernandezii (Kunth) Schlecht. stammt aus Mexiko. Sie wächst epiphytisch an den Osthängen des Mexiko-Plateaus. Ihre engstehenden, ovalen, gefurchten Pseudobulben werden etwa 4 cm hoch und tragen ein breites Blatt (30 cm lang, 20 cm breit). Der nach unten oder nach der Seite stehende Blütenschaft trägt mehrere etwa 18 cm breite Blüten. Sie sehen wachsartig aus und duften nach Schokolade und Vanille. Die Blütenfarbe ist gelb mit rotbraunen Zeichnungen.

Kultur: In der Wachstumsperiode ist die Pflanze bis zum Ausreifen der Neutriebe temperiert bis warm zu halten. Danach ist eine Ruhezeit an einem hellen Standort bei abgesenkten Temperaturen und verminderten Wassergaben anzudeuten. Dadurch wird die Blüteninduktion begünstigt. Als Pflanzgefäße sind wegen der nach unten gerichteten Blütenstände Lattenkörbe oder die Blockkultur zu wählen. Die Pflanzstoffmischung muß gut luftdurchlässig sein. Auch sonst ist für viel Frischluft zu sorgen.

Im Sommer ist die Kultur im Freien möglich.

Zygopetalum Hook.

In Südamerika (Guayana bis Paraguay, Trinidad) leben etwa 20 Arten dieser Gattung epiphytisch, lithophytisch oder terrestrisch. Es ist eine sehr formenreiche Gattung. Die Arten wachsen sympodial oder monopodial und haben meist sehr schöne, duftende Blüten, die sich auch sehr gut zum Schnitt eignen. Bisher sind nur wenige Hybriden bekannt.

Zygopetalum mackaii Hook. stammt aus Brasilien. Die Pseudobulben stehen nahe beieinander. Sie sind eiförmig und werden etwa 8 cm hoch. Auf ihnen stehen jeweils zwei bis vier kräftige, bis zu 70 cm lange und 5 cm breite, spitze Blätter. Mehrere laubblattartige Niederblätter hüllen die Pseudobulben ein. Der Blütenstand entwickelt sich zusammen mit dem Neutrieb. Er wird etwa 100 cm hoch, hat einen kräftigen Stengel und trägt fünf bis zehn Einzelblüten mit einem Durchmesser von 8 bis 9 cm. Die Tepalen sind gelbgrün mit großen rotbraunen Flecken. Die Lippe ist ausgebreitet, an der Spitze eingeschnitten und am Rande gewellt, weiß, mit violetten, strichförmig angeordneten Papillen besetzt, die der Zeichnung ein samtiges Aussehen verleihen. Die Blüten duften vor allem in den Vormittags- und Mittagsstunden sehr stark. Sie halten sich an der Pflanze drei bis vier Wochen lang. Es sind sehr gute Schnittblumen.

Kultur: *Zygopetalum mackaii* ist temperiert zu pflegen. Wegen der umfangreichen Wurzelbildung und der großen Pflanzen sind große Pflanzgefäße zu wählen. Der für epiphytische Pflanzen geeignete Pflanzstoff muß luftdurchlässig sein. Die Feuchtigkeit soll durch Dränage aus dem Wurzelbereich ablaufen können. Dem Pflanzstoff ist reichlich Buchenlaub beizumischen. Für eine gleichmäßige Ballenfeuchtigkeit ist zu sorgen. Nach dem Ausreifen des Triebes wird eine Ruheperiode eingeschaltet, wobei die Pflanzen hell, aber etwas kühler zu halten sind, bis die Neutriebe erscheinen. Mit dem Neutrieb bilden sich an einer Pflanze ein bis drei Blütenstände. Zur

Förderung des Neutriebes und der Blütentriebe ist eine regelmäßige Düngung notwendig. Da die Triebzeit in die lichtärmere Jahreszeit fällt, ist darauf zu achten, daß die Pflanze möglichst viel Licht erhält.

Zygopetalum mackaii wächst unter Zimmerbedingungen willig. Zu hohe Temperaturen müssen jedoch vermieden werden. Der reichliche und intensive Duft blühender Pflanzen ist bei der Standortwahl in Wohnungen zu beachten.

Trotz der guten Eigenschaften der Blüten ist *Zygopetalum* als Zimmerorchidee und als Schnittblume kaum erhältlich.

Ebenso wie *Zygopetalum mackaii* ist die Hybride **Zygopetalum Artur Elle** für die Fensterbankkultur gut geeignet. Im Habitus unterscheidet sie sich nur wenig von *Zygopetalum mackaii*. Ihre Pseudobulben und Blätter sind etwas größer und kräftiger. Die Blüten der Hybride sind aber wesentlich farbintensiver. Die Tepalen sind insgesamt violettbraun überlaufen, nur noch eine schmale Randzone ist gelbgrün. Die Lippe ist weiß, jedoch intensiver und stärker blauviolett gezeichnet. Die Blüten halten sich an der Pflanze bis zu vier Wochen lang.

Begleitpflanzen

Orchideen wachsen nie allein. Sie sind an ihrem Standort immer Bestandteil einer Pflanzengemeinschaft. Davon ausgehend, sollte auch am Pflegestandort eine den Orchideen zusagende Lebensgemeinschaft mit anderen Pflanzenarten angestrebt werden.

Das kann eine Lebensgemeinschaft im gleichen Pflanzgefäß oder aber eine Gemeinschaft verschiedener Pflanzenarten, jede in ihrem eigenen Pflanzgefäß, am Fensterbrett sein. Eine solche Pflanzengesellschaft stellt sich in vielen Fällen ohne unser Zutun ein, wenn man die Pflanzstoffmischung selbst aus lebendem Sumpfmoos, Farnwurzeln und Laub zubereitet. Dabei werden Samen oder Sporen von Pflanzen der heimatlichen Natur in das Pflanzgefäß übertragen, so daß bald ein üppiges Wachstum von Farnen, Gräsern oder Kräutern einsetzt. Die Erfahrung zeigt, daß die Orchideen, die gemeinsam mit solchen «Einwanderern» in einem Pflanzgefäß stehen, sehr gut gedeihen, solange genügend Raum für sie bleibt. Es sollten also eingeschleppte Pflanzen nicht gleich mit dem ersten Keim sorgfältig entfernt werden. Vorteilhaft dabei ist, daß diese Begleitpflanzen oftmals viel früher als die Orchideen anzeigen, daß Mängel in der Pflege vorliegen. Ein welkender Farn ist für den Pfleger ein Zeichen, daß schleunigst zu gießen ist. Außerdem sorgen diese Begleitpflanzen mit ihren vielfältigen Blattformen für ein abwechslungsreiches Bild an den Fenstern. Darüber hinaus können solche Pflanzen, vor allem Farne, eine hervorragende Dekoration für geschnittene Orchideenblüten abgeben. Das gilt besonders für den einheimischen Tüpfelfarn *Polypodium vulgare*. In ähnlicher Weise können aber auch Farne oder andere Pflanzen aus tropischen und subtropischen Ländern als Begleitpflanzen genutzt werden. Erwähnt sei hier die Pflege eines Gliederkaktus (sog. Osterkaktus) zusammen mit *Dendrobium nobile* in einem Pflanzgefäß.

Dem Kaktus sagt die für das *Dendrobium* gewählte Pflege sehr zu, er wurde schnell zum blühfähigen Exemplar. Neben den Orchideenblüten zum Jahresende erfreut der Gliederkaktus den Pfleger im Frühjahr mit reichem Blütenschmuck. Beide Pflanzenarten vertragen sich seit mehr als zehn Jahren.

Eine ganze Reihe von tropischen und subtropischen Pflanzen sind ähnlich zu pflegen wie Orchideen. Sie kommen auch in ihren Heimatländern gemeinsam mit Orchideen vor. Die Anordnung solcher Pflanzen neben den Orchideen trägt nicht nur zu einem aufgelockerten äußeren Bild bei, sie ist vielmehr wichtig für das Kleinklima, das sich am Fensterbrett einstellt. Je mehr Pflanzen untergebracht werden können, um so höher ist die Luftfeuchtigkeit und um so wohler fühlen sich unsere Orchideen.

Viele Blatt- und Blütenpflanzen aus tropischen und subtropischen Ländern eignen sich als Begleitpflanzen. Hervorzuheben sind Aronstabgewächse (Araceen), Ananasgewächse (Bromeliaceen), Kakteen und Farne.

160

Sie sind in vielfältigen Arten in den Gärtnereien erhältlich. Nur auf einige kann hier kurz eingegangen werden. Wer detailliertere Angaben benötigt, sei auf einschlägige Zimmerpflanzenbücher verwiesen.

Araceen – Aronstabgewächse

Tropische und subtropische Araceen wachsen in den Regen- und Nebelwaldgebieten und sind natürliche Begleiter der Orchideen. In ihrer Heimat sind sie sowohl Bodenbewohner als auch Kletterpflanzen oder Epiphyten.
Sie sind bei weitem nicht so genügsam wie Orchideen. Sie entwickeln oft ein reichliches, verzweigtes Wurzelsystem, das sowohl der Befestigung als auch der Nahrungszufuhr dient. Sie erfordern ein häufigeres Gießen und Düngen.
Für die Pflege zusammen mit Orchideen sind vor allem folgende Gattungen und Arten geeignet:
– *Anthurium (A. andreanum* und Hybriden, *A scherzerianum* und Hybriden),
– *Dieffenbachia (D. × bausei, D. maculata),*
– *Philodendron (Ph. elegans, Ph. laciniatum, Ph. melanochrysum),*
– *Monstera (M. deliciosa, M. obliqua).*

Bromeliaceen – Bromelien

Die Arten dieser Pflanzenfamilie – etwa 2 000 – sind bei weitem nicht so zahlreich wie die der Orchideen. Sie haben sich aber bereits einen festen Platz in den Gärtnereien und auch in unseren Wohnungen erobert.
Bromelien sind im tropischen und subtropischen Amerika beheimatet. Sie sind meist Epiphyten. Es gibt aber auch Erdbewohner unter ihnen. Ihre heimatlichen Standorte sind häufig gleichzeitig Orchideenstandorte. Im Gegensatz zu den Orchideen wirken viele Bromelien bereits durch ihren Pflanzenaufbau sehr dekorativ. Oftmals sind ihre Blätter besonders gefärbt oder gezeichnet.
Weit verbreitet in den Pflanzenfenstern sind heute Arten aus den Gattungen *Aechmea, Billbergia, Cryptanthus, Guzmania, Neoregelia und Vriesea.* Noch viel zu wenig bekannt und verbreitet sind die Arten der Gattung *Tillandsia.* Gerade die verschiedenen Tillandsien sind dekorative Begleitpflanzen für Orchideen. Tillandsien sind für die Fensterbankkultur gut geeignet. Sie sollen wegen ihrer interessanten Formen und Blüten etwas ausführlicher behandelt werden.
Die Gattung *Tillandsia* ist mit 500 verschiedenen Arten sehr vielgestaltig und in Nord- und Südamerika weit verbreitet.
Ebenso wie die Orchideen haben sich einzelne Arten verschiedensten, z. T. extremen Umweltbedingungen angepaßt. Sie leben epiphytisch, lithophytisch oder terrestrisch in tropischen Regenwäldern, siedeln aber auch in Gebirgssteppen oder Wüsten. Mit Saugschuppen an den rosettenförmig angeordneten Blättern können sie die Feuchtigkeit aus der Luft aufnehmen und speichern. Abhängig vom Umfang der Ausbildung solcher Saugschuppen verlieren die Wurzeln ihre ursprüngliche Bedeutung als Organ, das für die Versorgung der Pflanze mit Feuchtigkeit und Nährstoffen sowie für den festen Halt verantwortlich ist. Sie sind reduziert und haben oft nur

noch als Haftorgan Bedeutung. Einige Arten haben die Wurzelbildung sogar ganz eingestellt. Sie liegen nur noch wurzellos auf dem Wüstenboden und wandern mit dem Wind über weite Gebiete.

Im wesentlichen lassen sich die Tillandsien drei verschiedenen Gruppen zuordnen:
- Tillandsien des tropischen Regenwaldes mit grünen Blättern, nur geringer Ausbildung von Saugschuppen, aber mit starker Wurzelbildung;
- Tillandsien der zeitweilig trockenen Gebiete mit relativ großen Temperaturunterschieden, mit Blattrosetten aus verkürzten Einzelblättern, deutlicher Ausbildung von Saugschuppen und reduzierter Wurzelbildung;
- Tillandsien der regenarmen tropischen und subtropischen Gebiete mit starker Saugschuppenbildung, sukkulent reduzierten Blättern und nur noch wenigen einzelnen oder gar keinen Wurzeln.

Bei starker Schuppenbildung sehen die Pflanzen grauweiß aus und schimmern silbrig. Nur wenn sie feucht geworden sind, wird die Grünfärbung der Blätter noch sichtbar.

Für den Pflanzenfreund sind Tillandsien aus folgenden Gründen geeignet: Es sind zum überwiegenden Teil relativ klein bleibende Arten, so daß, ausgehend von der bereits geschilderten Vielgestaltigkeit, eine formenreiche Sammlung mit geringem Platzbedarf aufgebaut werden kann.

Außerdem gedeihen Tillandsien auch in der oft recht trockenen Zimmerluft gut, sie wachsen, blühen und bilden sogar Früchte und Samen aus, die auch im Zimmer zum Keimen gebracht werden können. Ihre Lebensweise ist extremen Bedingungen angepaßt. Deshalb eignen sie sich gut für die Zimmerkultur.

Darüber hinaus sind sie im blühenden Zustand oft prächtig leuchtende Farbtupfer am Fenster, wenn sich z.B. die Blattrosette von grün nach rot verfärbt und in ihrer Mitte blauviolette Blüten mit gelben Staubgefäßen stehen oder wenn scharlachrote Blütenähren die Pflanzen zieren.

Als typische Epiphyten werden sie mit wenig Pflanzstoff auf interessant geformten Ast- oder Rindenstücken befestigt und geben so ein bizarres Bild.

Bemerkenswert ist das Bestreben, durch Sproßbildung aus den Blattachseln ganze Horste zu bilden. Diese Eigenschaft ist bereits an Jungpflanzen zu beobachten.

Tillandsia albida ist eine weißgraue, stark beschuppte Art, deren Blattrosette sich stammartig entwickelt.

Tillandsia araujei kommt aus Brasilien. Sie hat lang herabhängende Triebe. Ihre Blätter sind etwa 4 cm lang, sehen graugrün aus, sind kräftig und rosettenförmig angeordnet. Die weißen Blüten entwickeln sich an einem mit rosa Deckblättern geschmückten Blütenstand.

Tillandsia brachycaulos ist in Mittelamerika beheimatet. Sie entwickelt eine große, kräftige Blattrosette von etwa 20 cm Durchmesser. Die Blätter werden zur Spitze hin schmaler und sind rinnig geformt. Zur Blütezeit färben sie sich leuchtend rot, aus ihrem Trichter wachsen lila Einzelblüten mit gelben Staubgefäßen.

Tillandsia butzii kommt aus Mittelamerika und gehört zu den sogenannten bulbosen Tillandsien. Die breiten, weiß gefleckten Blattscheiden sind an der Basis eng zu einem knollenähnlichen Gebilde zusammengewachsen. Die Blätter sind etwa 30 cm lang, stielrund und rotbraun gezeichnet. Der verzweigte Blütenstand ist rötlich überhaucht und trägt zartlila Einzelblüten.

Tillandsia capillaris ist eine kleine Art mit etwa 5 cm langen, graugrünen Blättern. Der Blütenstand mit kleinen, zartblauen Blüten entwickelt sich aus den Blattachseln.

Tillandsia cyanea aus Südamerika hat rinnige, grüne Blätter mit rotbrauner Zeichnung. Sie sind rosettenförmig angeordnet und werden etwa 25 cm lang. Der Blütenstand ist eine flachgedrückte Ähre mit kräftig rosa Deckblättern und relativ großen, blauvioletten Einzelblüten, die mehrere Tage lang halten.

Tillandsia ionantha stammt aus Mittelamerika und hat kurze, dichte, graugrüne, fast buschig wirkende Blattrosetten. Zur Blütezeit färben sich die Blätter kräftig rot. In ihrer Mitte stehen leuchtend blauviolette, lang herausragende Blüten mit gelben Staubgefäßen.

Tillandsia linearis entwickelt etwa 20 cm lange, graugrüne, dünne Blätter. Der Blütenstand hat rötlich überhauchte Deckblätter, zwischen denen relativ große, violette Blüten stehen.

Tillandsia pulchella aus Südamerika entwickelt eine buschige Blattrosette mit 10 cm langen, graugrünen Einzelblättern auf einem kurzen Stamm. Die Blütenähre ist mit rosa Deckblättern besetzt.
Die cremeweißen Blüten öffnen sich nacheinader.

Tillandsia stricta kommt aus Südamerika und hat eine kräftige, graugrüne Blattrosette aus rinnigen Einzelblättern, die an der Basis verbreitert sind. Der Blütenstand ist mit rosa Deckblättern und blauvioletten Blüten geschmückt.

Tillandsia usneoides kommt aus Mittel- und Südamerika. Sie ist eine wurzellose Art, deren Einzelpflanzen aneinanderhängen, so daß sie zu langen, dichten, bartartigen Gebilden werden, die von den Ästen der Bäume herabhängen. Die kleinen Blätter sind stark beschuppt. Die Blütentriebe stehen auf gesonderten Kurztrieben und entwickeln eine kleine, unscheinbare, gelbgrüne Blüte, die stark duftet.

Kultur: Die Tillandsien aus dem tropischen Regenwald sind temperiert bis warm und ohne Trockenperiode zu pflegen. Dagegen sind die Tillandsien der trockeneren Gebiete, zu erkennen an der reichlichen Ausbildung von Saugschuppen oder an der fortgeschrittenen Sukkulenz der Blätter, temperiert bis kühl und sehr hell zu pflegen. Diese Arten vertragen Perioden ohne ständige Feuchtigkeitszufuhr ohne Schädigung. Sie können in den Sommer- und Herbstmonaten im Freien kultiviert werden. In der Wachstumsperiode sind die erforderlichen Nährstoffe durch Tauchen in eine schwache Volldüngerlösung, im Abstand von 14 Tagen, zuzuführen.

Die Tillandsien des tropischen Regenwaldes sind in einen Pflanzstoff für epiphytische Orchideen einzubetten. Alle anderen Tillandsien sind mit wenig Pflanzstoff an einem Ast oder an Rinde zu befestigen. Die Blockkultur gewährleistet, daß die Pflanzen niemals durch zu viel Feuchtigkeit geschädigt werden. Alles überschüssige Wasser tropft ab.

Tillandsien können an allen Fenstern untergebracht werden, an denen sie ausreichend Sonnenlicht erhalten (Ost-, Süd- und Westfenster). Die Feuchtigkeitszufuhr muß dem jeweiligen Standort und der Reaktion der Pflanzen auf die Bedingungen entsprechen.

Farne

Als Begleitpflanzen kommen sowohl tropische als auch einheimische Farne in Frage. Sie sind dekorative Ergänzungen zu unseren Orchideenpflanzen.
Zu empfehlen sind an tropischen Farnen:
- *Asplenium* Streifenfarne (*A. nidus* Nestfarn),
- *Blechnum* Rippenfarne (*B. brasiliense, B. gibbum, B. moorei*),
- *Nephrolepsis* Schwertfarne (*N. cordifolia, N. exaltata*),
- *Platycerium* Geweihfarne (*P. bifurcatum, P. willinckii*).

Von einheimischen Farnen sind verwendbar:
- *Athyrium filix-femina* Gemeiner Frauenfarn,
- *Blechnum spicant* Rippenfarn,
- *Dryopteris filix-mas* Gemeiner Wurmfarn,
- *Polypodium vulgare* Gemeiner Tüpfelfarn, Engelsüß.

Einheimische Farne schleppt der Orchideenfreund, der seine Pflanzstoffmischung selbst bereitet, mit den Farnwurzeln ein. Hier sei allerdings mit Nachdruck auf die Naturschutzbestimmungen hingewiesen!
Die Entnahme der Farnwurzeln muß so erfolgen, daß die Farnbestände nicht gestört werden. Wenn man bei starken Wurmfarnpflanzen die Wurzeln entfernt und die Pflanze sorgfältig wieder in die Erde einbettet, treibt sie weiter.
Die Entnahme geschützter Farne, z. B. Königsfarn – *Osmunda regalis*, Straußenfarn – *Matteuccia struthiopteris* verbietet sich von selbst.
Farne können, wenn sie nicht zu groß sind, im gleichen Pflanzgefäß wie die Orchideen stehen. Das sieht sehr dekorativ aus und lockert das Gesamtbild auf. Außerdem sind die Farnblätter meist gute Ergänzungen für geschnittene Orchideenblüten. Das muß allerdings ausprobiert werden, denn manche Farnblätter welken nach dem Schnitt sehr schnell. Sie eignen sich dann natürlich nicht zur Dekoration.

Kakteen und Sukkulenten

Zunächst scheinen Kakteen als Begleitpflanzen für Orchideen auszuscheiden. In ihrer Heimat können aber Orchideen durchaus mit Kakteen oder Sukkulenten vergesellschaftet sein. Man kann sie auch im Zimmer zusammen pflegen.
Geeignet sind folgende Gattungen und Arten:
- *Aloe (A. humilis, A. variegata, A. virens)*,
- *Crassula* Dickblatt *(C. falcata, C. portulacea)*,
- *Euphorbia* Wolfsmilch *(E. pulcherrima)*,
- *Rhipsalidopsis* Osterkaktus *(Rh. gaertneri, Rh. rosea)*,
- *Schlumbergera* Weihnachtskaktus *(S. truncata, S. russeliana)*,
- *Stapelia (S. gigantea, S. grandiflora)*.

Worterklärungen

adventive Bildungen   Pflanzenorgane, die nicht an ihrem normalen Entstehungsort gebildet werden

Aerophyt   siehe Epiphyt

äußere Tepalen   äußere Perigonblätter bei einfacher Blütenhülle

akranth   endständig

Anthere   Staubbeutel

Antherenkappe   Abdeckung der Pollinien

Araceae   Aronstabgewächse

Assimilation   siehe Photosynthese

asymbiotisch   nicht in Symbiose lebend;   Aussaat von Orchideensamen ohne Pilze

Autogamie   Selbstbefruchtung

Blockkultur   naturnahe Befestigung epiphytischer Pflanzen an einem Borkenstück oder ähnlichem Material

Blüteninduktion   Auslösung physiologischer Vorgänge, die zur Blütenbildung führen

Braktee   Deckblatt; Hochblatt, das eine Blüte in seiner Achsel trägt

Bromeliaceae   Ananasgewächse

Bulbe   Drogenbezeichnung für Zwiebel

Columna   Säule; Verwachsungsprodukt der Staubblätter mit Griffel und Narbe

Deckblatt   siehe Braktee

diurnaler Rhythmus   von der Tageszeit abhängiger Rhythmus

dorsal   nach dem Rücken zu; auf der Rückseite gelegen

dorsiventrale Blütensymmetrie   Blüte mit nur einer Symmetrieachse

Endodermis   trennende Zellschicht im Inneren pflanzlicher Organe

Epichil   Vorderlappen der Lippe; Lippenplatte

Epidermis   äußeres Abschlußgewebe der Pflanze

Epiphyt   sich auf anderen Pflanzen ansiedelnde, nichtparasitäre Pflanze; Scheinschmarotzer

Exodermis   verkorkende Außenhaut der Wurzel

Fahne   dorsales Tepalum bei Paphiopedilum und Phragmipedium

Fruchtknoten   unterer, verdickter Abschnitt des Stempels, er enthält die Samenanlage

generativ   geschlechtlich

Geophyt   Kryptophyt; mehrjährige Pflanze mit unterirdischen Überwinterungsorganen

Griffel   Verbindung zwischen Narbe und Fruchtknoten; er bringt die Narbe in eine bestäubungsgünstige Lage

Gynostemium   Griffelsäule der Orchideen, siehe Columna

165

Habitus   Wuchsform

Haftwurzel   Luftwurzel, die der Unterlage fest anliegt

heteroplastische Pseudobulbe   besteht aus einem verdickten Internodium mit terminalen Blättern

Hochblatt   Blatt unter einer Einzelblüte oder im Bereich des Blütenstandes

homoplastische Pseudobulbe   ist aus vielen kurzen Internodien zusammengesetzt; trägt fast an der ganzen Länge der Pseudobulbe Blätter

Hybride   Bastard; aus einer Kreuzung genetisch verschiedener Eltern hervorgegangen, die sich in bestimmten vererbbaren Merkmalen unterscheiden

Hypochil   Lippenbasis; Lippengrund bei gegliederter Lippe

Infloreszenz   Blütenstand

Innovationssproß   Erneuerungssproß, dessen Knospe in der vorhergehenden Vegetationsperiode angelegt wurde

Internodium   blattloses Sproßachsenstück zwischen zwei Knoten

Kallus   Schwiele; artspezifisches Gebilde an der Basis der Lippenplatte

Kleistogamie   Selbstbestäubung in der geschlossenen Blüte

Klon   durch vegetative Vermehrung eines Ausgangsexemplares entstandene, genetisch einheitliche Pflanzen

Knoten   Ansatzstellen der Blätter und Seitensprosse an der Sproßachse

Kryptophyt   siehe Geophyt

Labellum   Lippe; inneres Tepalum mit besonderer Größe, Form und Farbe

lateral   seitwärts, seitlich

Lippe   siehe Labellum

Lithophyt   Pflanze, die auf Felsen bzw. Steinen wächst

Luftwurzel   oberirdisch entstehende Adventivwurzel; bei Epiphyten zur Wasser- und Nährstoffaufnahme und zur Photosynthese befähigt

Mehrgattungshybride   Bastard, der durch mehrmalige Kreuzung von Pflanzen verschiedener Gattungen entstand

Mesochil   Mittelteil der Lippe bei gegliederter Lippe

Mikroklima   Kleinklima; Klima in kleinsten Bereichen

Monokotyledone   einkeimblättrige Pflanze

monopodialer Sproß   Sproßsystem mit durchgehender Hauptachse, in der Regel senkrecht zur Unterlage

Mykorrhiza   Lebensgemeinschaft zwischen Pilzen und Wurzeln höherer Pflanzen

Narbe   oberer, stets klebriger Abschnitt des Stempels; sie dient der Aufnahme und dem Keimen des Pollens

Nestwurzeln   reichlich verzweigte, nach oben gerichtete Luftwurzeln

Niederblatt   einfach gestaltetes, schuppen- oder scheidenartiges, meist nicht grünes Blatt unterhalb der Laubblätter an der Sproßachse

Nodien   siehe Knoten

n. r.   nicht registriert; eine im internationalen Register nicht erfaßte Orchidee

Parasit   Schmarotzer; Tiere oder Pflanzen, die ihren Bedarf an organischen Stoffen aus anderen Organismen beziehen

Perigon   einfache Blütenhülle

Petalum   Kronblatt; inneres Blütenhüllblatt bei doppelter Blütenhülle

Photoperiodismus Einfluß der Tageslänge auf die Pflanze

Photosynthese Bildung von Stärke aus Kohlendioxid und Wasser mit Hilfe von Lichtenergie und Chlorophyll

pleuranth seitenständig

Pollinium, Plur. Pollinien Bezeichnung für die als Einheit übertragenen, verklebten Pollenkörner

Primärhybride Bastard aus zwei Arten

Pseudobulbe falsche, unechte Zwiebel; angeschwollener Sproßachsenteil mancher Orchideenarten (Speicherfunktion)

Resupination Drehung eines Organs um etwa 180°

Rhizom ausläuferartige, unterirdische Sproßachse; Erdsproß

Rostellum besonderes Gebilde an der Narbe von Orchideen, das durch Umwandlung des unpaaren Narbenlappens entstanden ist; es trennt den vorderen Teil der Säule mit den Pollinien vom hinteren Teil der Narbe; es unterbindet die Selbstbestäubung

Rückbulbe ältere, abgetrennte Pseudobulbe mit Reserveknospen

Ruheperiode Zeitraum mit geringem Wachstum, oft bei abgesenkten Temperaturen und vermindertem Feuchtigkeitsbedarf

Säule siehe Columna

Saprophyt chlorophyllfreie heterotrophe Pflanze, die von toter organischer Substanz lebt

Schmarotzer siehe Parasit

Sepalum Kelchblatt; äußeres Blütenhüllblatt bei doppelter Blütenhülle

Spatha Blütenscheide; scheidenartige Hochblatthülle eines Blütenstandes

Staminodium unfruchtbares Staubblatt

Stempel weibliches Fortpflanzungsorgan der Blütenpflanzen, bestehend aus Fruchtknoten, Griffel und Narbe

Substrat Grundlage, Unterlage, Nährboden

sukkulent saftvoll, fleischig, wasserspeichernd

Symbiose das Zusammenleben verschiedenartiger Organismen zu wechselseitigem Nutzen

sympodialer Sproß Pflanzensproß, dessen Wachstum nach einer mehr oder weniger deutlichen Ruheperiode immer durch Seitenknospen fortgesetzt wird

Synonym anderer, meist ungültiger Name einer Pflanze

Syntepalum verwachsene äußere Tepalen

Tepalum Perigonblatt; Blütenhüllblatt bei einfacher Blütenhülle

terminal endständig

terrestrisch auf der Erde wachsend

Thermoperiodismus Einfluß von Temperaturschwankungen auf die Lebensvorgänge in der Pflanze

Tragblatt Blatt, das einen Seitensproß in seiner Achsel trägt

Vegetationsbeginn Wachstumsbeginn

Vegetationsperiode Zeitraum des Pflanzenwachstums während eines Jahres

vegetativ ungeschlechtlich

Velamen schwammartige äußere Rindenschicht der Luftwurzeln epiphytischer Pflanzen

Tabellenanhang

Vieltriebige Pflanzen – Voraussetzung für lange Blüherfolge
(Erfahrungen aus meiner langjährigen Fensterbankkultur)

Art/Hybride	Pflanzengröße nach Anzahl der Triebe	Anzahl der Blütentriebe/ Einzelblüten	Blühdauer in einem Jahr in Wochen	Kulturart
Cattleya intermedia	5	4/8	5	Topf
Coelogyne cristata	3	3/20	10	Topf
– fimbriata	etwa 20	18/37	16	Block
– massangeana	3	4/67	8	Hydro
– ovalis	11	9/21	10	Block
Cymbidium Gareth				
'Latangor'	4	6/51	19	Topf
Dendrobium				
Anne Marie	2	9/30	5	Topf
– loddigesii	7	6/13	6	Block
Encyclia cordigera	4	2/12	8	Topf
– fragrans	13	11/29	10	Hydro
Haemaria discolor	19	15/etwa 250	15	Topf
Laelia Cinnabrosa	2	2/19	11	Topf
Meiracyllium trinasutum	14	10/22	10	Block
Miltonia spectabilis	etwa 50	43/43	16	Block
Odontoglossum				
bictoniense	4	3/68	26	Topf
Oncidium flexuosum	9	8/etwa 350	16	Block
– ornithorhynchum	10	12/etwa 200	17	Block
Ornithophora radicans	etwa 60	etwa 50/etwa 600	32	Block
Paphiopedilum				
Clair de Lune	4	3/3	14	Topf
Phalaenopsis Gracia ×				
Phal. stuartiana	2	2/21	9	Block
Phragmipedium Sedenii	4	2/15	28	Topf

Übersicht über wichtige Erfahrungen bei der Fensterbankkultur tropischer und subtropischer Orchideen

Zeichenerklärungen:

x gut geeignet	– nicht geeignet	R Ruhezeit
(x) bedingt geeignet	△ schattiert	S im Sommer
ohne Kennzeichen: keine eigenen Erfahrungen		

Art/Hybride	Eignung für Fensterbank	Fenster				Block-kultur	Hydro-kultur	Hinweise zum Standort
		Ost-	Süd-	West-	Nord-			
Aspasia lunata	(x)		(x)		–		(x)	hohe Luftfeuchtigkeit, möglichst hell
Brassavola nodosa	(x)	x		x	x	x		gleichmäßig feucht
Bifrenaria harrisoniae	x	x	–	–	x			keine zu starke Wärmeeinwirkung
Calanthe vestita	x	x	x	x				schattiert, keine direkte Wärmeeinwirkung
Cattleya aclandiae	x		x					ausreichende Luft-
- forbesii	x	x	x	x	(x)	x		feuchtigkeit, im Sommer
- Gisela Schmidt	x	x	x	x	–			schattiert
- intermedia	x	x	x	x				hohe Luftfeuchtigkeit,
- labiata	x		x	x	–			im Sommer schattiert
- skinneri	x		x					
Coelogyne cristata	x	xR	xS	x	(x)R			gute Ernährung, im Sommer viel Sonne
- fimbriata	x	x	x	x	x			mäßige Luftfeuchtigkeit,
- massangeana	x	x	x△	x	–		x	keine direkte Mittags-
- ovalis	x		x△		x			sonne, Ballenfeuchtig-
- speciosa	x	x	–	x	–	x		keit reduziert
Cymbidium Gareth 'Latangor'	x		x	x				gute Ernährung, viel Sonne, im Sommer im
- Minneken 'Rosalita'	x		x	x				Freien
Dendrobium Anne Marie	x	x	(x)S	x	xR			keine zu hohe Ballenfeuchtigkeit, im Sommer im Freien
- fimbriatum	x		x	x				gute Ernährung, geringe Ballenfeuchtigkeit
- loddigesii	x	x	–	x	x	x		ausreichende Luftfeuchtigkeit
- nobile	x	xS	x	xR	xR			keine zu hohe Ballenfeuchtigkeit, im Sommer im Freien

Art/Hybride	Eignung für Fensterbank	Fenster Ost-	Süd-	West-	Nord-	Block-kultur	Hydro-kultur	Hinweise zum Standort
Dendrobium -phalaenopsis- Hybr.	(x)	–	(x)	–	–			hohe Luftfeuchtigkeit
– pierardii	x	xR	xS	xR	xR			im Sommer gleichmäßige Feuchtigkeit
Dinema polybulbon	(x)	(x)	–	(x)	–			gleichmäßige Luftfeuchtigkeit
Encyclia cochleata	x	x	x△	x	–			mäßige Luftfeuchtigkeit
– cordigera	x	x	(x)	x	–			geringe Ballenfeuchtigkeit
– fragrans	x	x	–	x	–		x	mäßige Luftfeuchtigkeit
– mariae	(x)		(x)	x	(x)			mäßige Luftfeuchtigkeit
Epidendrum ellipticum	x	x	–	x	(x)			mäßige Luftfeuchtigkeit
– nocturnum	x	x		x				
Gongora galeata	x	x	x△	x				keine Mittagssonne
Haemaria discolor	x	x	x	x	(x)			gleichmäßige Ballenfeuchtigkeit, nicht zu kühl
Laelia anceps	x	xR	xS	xR	(x)R			viel Licht, mäßige Ballenfeuchtigkeit
– Cinnabrosa	x	xR	xS	x	–			mäßige Luftfeuchtigkeit
Laeliocattleya elegans × Cattleya Fabianid	x	x	x△	x	(x)	x		ausreichende Luftfeuchtigkeit, keine direkte Mittagssonne
– Max und Moritz	x	x	x△	x	–	x		
– Rheinnixe	x	x	x△	x	–			
Lycaste aromatica	(x)	x	–	x	(x)			geringe Ballenfeuchtigkeit, mäßige Luftfeuchtigkeit
– cruenta	x	x	–	x	(x)			
Maxillaria picta	x	x	–	x	x			geringe Ballenfeuchtigkeit
– porphyrostele	x	x	–	x	x			
– variabilis	x	x	x△	x		x		
Meiracyllium trinasutum	x		x△	(x)	–	x		gleichmäßige Luftfeuchtigkeit
– wendlandii	x		x△		–	x		
Miltonia spectabilis	x	x	x△	x	–	x		geringe Ballenfeuchtigkeit, mäßige Luftfeuchtigkeit

Art/Hybride	Eignung für Fensterbank	Fenster Ost-	Süd-	West-	Nord-	Block-kultur	Hydro-kultur	Hinweise zum Standort
Odontoglossum bictoniense	x	x	—	x	(x)			mäßige Ballenfeuchtigkeit, keine zu hohe Luftfeuchtigkeit, viel Frischluft
– *bictoniense* × *Odm. crispum*	x	x	(x)△	x	x			
– *cervantesii*	(x)	x	—	x	x	x		hohe Luftfeuchtigkeit, viel Frischluft
– *maculatum*	(x)	x	—	x	x			
– *rossii*	x	x	—	x	x	x		
Oncidium flexuosum	x	x	—	x	x	x		hohe Luftfeuchtigkeit, geringe Ballenfeuchtigkeit, viel Frischluft
– *ornitho-rhynchum*	x	x	(x)	x	—	x		
– *sphacelatum*	(x)		—	x				
– *splendidum*	(x)		x△		x			
Ornithophora radicans	x	x	x△	x		x		hohe Luftfeuchtigkeit, geringe Ballenfeuchtigkeit, viel Frischluft
Osmoglossum pulchellum	(x)	x	—	x	x	x		hohe Luftfeuchtigkeit, viel Frischluft
Paphiopedilum callosum	(x)	x	(x)△	x				keine zu hohe Ballenfeuchtigkeit, aber auch kein Austrocknen, mäßige Luftfeuchtigkeit, viel Frischluft
– Clair de Lune	x	x	(x)△	x				
– Harrisianum	x	x	x△	x				
– *insigne*	(x)	x	(x)S	x	xR			
– Maudiae	x	x	(x)△	x				
– *sukhakulii*	x	x	(x)△	x				
*Phalaenopsis -amabilis-*Hybr.	(x)	x	(x)△	(x)				viel Licht, hohe Luftfeuchtigkeit, keine direkte Mittagssonne
– *fasciata*	x	(x)	x△	(x)		x		
– Gracia × *Phal. stuartiana*	x	(x)	x△	(x)		x		
Phragmipedium Sedenii	x	x	x△	x	—			keine zu hohe Ballenfeuchtigkeit, aber auch kein Austrocknen
Rossioglossum grande	x	(x)	—	(x)	x			nicht zu warm, bei hoher Luftfeuchtigkeit
Wilsonara Hambüren Stern	x	x	(x)△	x				mäßige Ballenfeuchtigkeit, viel Frischluft
Zygopetalum Artur Elle	x	x	(x)△	x		(x)		keine zu hohe Ballenfeuchtigkeit, hell, mäßige Luftfeuchtigkeit
– *mackaii*	x	x	(x)△	x		(x)		

Blühende Orchideen zu jeder Jahreszeit (Auszug aus meiner Fensterbankkultur)

Art/Hybride	Blühdaten (Dez. 1982 bis März 1984)
Bifrenaria harrisoniae	7. 4. bis 2. 5.
Calanthe vestita	12. 10. bis 3. 12.
Cattleya forbesii	4. 7. bis 22. 7. / 5. 10. bis 17. 10.
– *intermedia*	12. 2. bis 20. 2. / 15. 4. bis 21. 4.
– *labiata*	24. 10. bis 14. 11.
Coelogyne cristata	21. 1. bis 22. 2. / 18. 3. bis 16. 4.
– *fimbriata*	21. 4. bis 4. 6. / 28. 8. bis 26. 12.
– *massangeana*	15. 8. bis 20. 9. / 8. 10. bis 24. 10.
– *ovalis*	7. 10. bis 24. 1. 1984
– *speciosa*	17. 4. bis 20. 5. / 7. 12. bis 15. 12.
Cymbidium Gareth 'Latangor'	8. 3. bis 29. 7.
– Minneken 'Rosalita'	28. 2. bis 1. 4.
Dendrobium loddigesii	14. 4. bis 24. 5.
– *nobile*	4. 12. bis 20. 12.
– Anne Marie	12. 1. bis 22. 1. / 7. 12. bis 31. 1. 1984
– *-phalaenopsis*-Hybr.	8. 2. bis 16. 2.
Encyclia cordigera	10. 5. bis 3. 7.
– *fragrans*	13. 7. bis. 22. 8.
Haemaria discolor	23. 6. bis 8. 3. 1984
Laelia Cinnabrosa	4. 6. bis 24. 7.
Laeliocattleya elegans × *C.* Fabianid	25. 12. 1982 bis 16. 1. 1983
– Max und Moritz	23. 12. bis 29. 1. 1984
Lycaste cruenta	18. 3. bis 8. 4.
Maxillaria picta	6. 11. bis 30. 11.
– *porphyrostele*	16. 1. bis 14. 2.
– *variabilis*	4. 1. bis 20. 1. / 24. 3. bis 6. 4. / 12. 5. bis 19. 5. / 30. 12. bis 13. 1. 1984
Meiracyllium trinasutum	1. 7. bis 26. 7. / 31. 8. bis 13. 10.
Miltonia spectabilis	2. 4. bis 12. 6. / 18. 7. bis 21. 10.
Odontocidium spec.	3. 11. bis 14. 11.
Odontoglossum bictoniense	2. 9. bis 30. 10.
– *cervantesii*	18. 11. bis 28. 11. / 24. 12. bis 24. 1. 1984
– *rossii*	16. 6. bis 3. 7.
– *bictoniense* × *Odm. crispum*	11. 12. bis 22. 12.
Oncidium flexuosum	10. 5. bis 17. 6. / 2. 7. bis 29. 7. / 12. 8. bis 1. 11.
– *ornithorhynchum*	7. 6. bis 24. 7. / 17. 11. bis 25. 2. 1984
Ornithophora radicans	19. 5. bis 17. 10.
Paphiopedilum sukhakulii	4. 6. bis 25. 6.
– Maudiae	28. 7. bis 13. 8. / 16. 9. bis 11. 11.
Phalaenopsis Gracia ×*Phal. stuartiana*	5. 2. bis 2. 4.
Phragmipedium Sedenii	16. 12. bis 2. 1. 1984
Zygopetalum mackaii	13. 10. bis 18. 10. / 6. 11. bis 27. 11.

Blütezeit

Jan.	Febr.	März	April	Mai	Juni	Juli	Aug.	Sept.	Okt.	Nov.	Dez.

Literatur

Bechtel, H.: Exotische Orchideen. – Stuttgart, o. J.

Bechtel, H.: Orchideen. Mein Hobby. – Bern, Stuttgart, 1982. – 128 S.

Betten, R.: Praktische Blumenzucht und Blumenpflege im Zimmer. – Frankfurt/O., 1911

Chalupa, J.: Erfahrungen mit der Zimmerkultur von Orchideen. In: Orchideen. Arbeitsmat. Fachgr. u. Interessengem. – Berlin 10(1975)2. – S. 32–36: 1 Abb.

Dietrich, H.: Bibliographia Orchidacearum: außereuropäische Arten. – Jena, 1979. – 64, 160 S.

Dietrich, H.: Orchideenzeit. Zeit für Orchideen. – Jena, 1982. – 68 S.

Ebel, F.; Birnbaum, O.: Schöne und seltsame Welt der Orchideen. – Leipzig, 1971. – 207 S.

Ebel, F.; Birnbaum, O.: Orchideen – Juwelen im Pflanzenreich. – Halle-Wittenberg, 1983. – 112 S.

Erler, A.: Erfahrungen mit der Pflege von Orchideen im Zimmer. In: Orchideen. Arbeitsmat. Fachgr. u. Interessengem. – Berlin 4(1969). – S. 10–11

Fast, G. (Hrsg.): Orchideenkultur. – Stuttgart, 1980. – 460 S.

Freitag, W.: Orchideengerechte Düngung auf Wopil-Basis. In: Orchideen. Arbeitsmat. Fachgr. u. Interessengem. – Berlin 13(1978)3. – S. 95–97; 2 Tab., 2 Lit.

Grunert, Ch.: Zimmerblumen. – Berlin, 1969. – 436 S.

Gut, J.: Aufbereitung von Gießwasser für Orchideen. In: Orchideen. Arbeitsmat. Fachgr. u. Interessengem. – Berlin 10(1975)2. – S. 45–55 : 7 Abb.

Haber, W.: Orchideen im Haus. – Gütersloh. 1966. – 191 S.

Hanisch, K. H.: Orchideen auf dem Fensterbrett. In: Grün, Gartenmag. – Stuttgart 1(1971). – S. 32–37

Hartung, E.-S.: Weitere Erfahrungen mit der Fensterbank-Kultur. In: Orchidee. – Hannover 20(1969)4. – S. 199–207

Hartung, E.-S.: Über meine Fensterbank-Kultur. In: Orchidee. – Hannover 22(1971). – S. 100–102

Hofmeister, G.: Springer, A. (Hrsg.): Orchideen im Zimmer und im Garten. – Hamburg; Berlin, 1967. – 80 S.

Hohmann, K.: Meine Erfahrungen bei der Zimmerkultur einer *Phalaenopsis*-Hybride. In: Orchidee. – Hannover 22(1971)1. – S. 21–22

Jacob, U.; Thomas-Petersein, G.: BI-Lexikon Heimpflanzen. – Leipzig, 1984. – 496 S.

Kassner, G.: Die Anwendung von Kunstlicht bei der Kultur von Orchideen. In: Orchideen. Arbeitsmat. Fachgr. u. Interessengem. – Berlin 10(1975)3. – S. 73–78 : 4 Abb., 6 Lit.; 11(1976)1. – S. 10–13: 1 Tab., 2 Abb.; 11(1976)2. – S. 17–22 : 1 Tab., 2 Lit.

Lucke, E.: Zur Ernte unreifer Samenkapseln. In: Orchidee. – Hannover 22(1971). – S. 146–147 : 4 Lit.

Lucke, E.: Orchideenkultur für alle. – Minden, 1977. – 120 S.

Meißner, F.: Die Blumenpflege im Zimmer. – Berlin, 1902. – 160 S.

Needon, Ch.: Pflanzen in unserer Wohnung. – Leipzig, 1982. – 160 S.

Oplt, J.; Kaplická, J.: Orchideen. – Prag, 1970. – 140 S.

Pelz, H. W.: *Phalaenopsis*-Hybriden – nicht nur für Experten. In: Orchideen. Arbeitsmat. Fachgr. u. Interessengem. – Berlin 9(1974)2. – S. 3–8 : 1 Lit.

Pelz, H. W.: Mini-Brassocattleyen für die Fensterbank. In: Orchideen. Arbeitsmat. Fachgr. u. Interessengem. – Berlin 14(1979)2. – S. 47–48 : 1 Abb.

Peters, J.: Wirkung des Lichtes und der Temperatur auf das vegetative und generative Wachstum unter Berücksichtigung der Orchideen. In: Orchidee. – Hannover 24(1973). – S. 206–209

Pischeli, H. J.: Orchideen im Zimmer – Wunsch und Erfüllung. In: Orchideen. Arbeitsmat. Fachgr. u. Interessengem. – Berlin 8(1973). – S. 1–2

Richter, W.: . . . die schönsten aber sind Orchideen. – Radebeul, 1962. – 280 S.

Richter, W.: Die Bedeutung der Wachstumsfaktoren Licht, Temperatur und Feuchtigkeit für die Orchideenpflege. In: Orchideen. Arbeitsmat. Fachgr. u. Interessengem. – Berlin 5(1970). – S. 15–18

Richter, W.: Orchideen – pflegen, vermehren, züchten. – Leipzig, Radebeul, 1982. – 208 S.

Röth, J.: Orchideen. – Berlin, 1982. – 343 S.

Rothmaler, W. (Hrsg.): Exkursionsflora für die Gebiete der DDR und der BRD, Bd. 2 Gefäßpflanzen. – Berlin, 1982. – 611 S.

Rupprecht, H.; Mießner, E.: Zierpflanzenbau. – Berlin, 1984. – 264 S.

Schick, R.: Orchideen auf der Fensterbank für Fortgeschrittene. In: Orchidee. – Hannover 22(1971). – S. 178–180; 23(1972). – S. 15–16

Schick, R.: Zimmerkultur der Orchideen. In: Orchidee. – Hildesheim 26(1975). – S. 282–283

Schlechter, R.: Die Orchideen, ihre Beschreibung, Kultur und Züchtung. – Berlin, 1927. – 959 S.

Schoser, G.: Pflanzenkultur mit dem Pflanzenstrahler Osram-L-«Fluora». – Berlin; München, 1966

Schoser, G.: Orchideen auf der Fensterbank. In: Orchidee. – Hannover 22(1971). – S. 85–89

Schoser, G.: Orchideen auf der Fensterbank: Cattleyen für den Liebhaber. In: Orchidee. – Hannover 22(1971). – S. 129–131

Shuttleworth, F. S.; Zim, H. S.; Dillon, G. W.: Orchideen. Wildwachsende Arten aus aller Welt. – München; Zürich, 1973. – 160 S.

Sommer, S.: Blumen- und Pflanzenfenster. – Berlin, 1984. – 128 S.

Stetten, O. von: *Phalaenopsis* als Zimmerpflanzen. In: Orchidee. – Hannover 22(1971). – S. 20–21

Vöth, W.: Coelogynen für die Wohnung. In: Orchidee. – Hannover 20(1969). – S. 70–73

Volk, I.: Erfahrungen mit der Fensterbrettkultur. In: Orchidee. – Hannover 20(1960). – S. 34–35

Weber, W.: Über die Düngung von Orchideen mit reinen Düngesalzen und die Berechnung der Mischungsverhältnisse. In: Orchideen. Arbeitsmat. Fachgr. u. Interessengem. – Berlin 9(1974)1. – S. 13–15

Weber. W.: Orchideen als Gemeinschaftspflanzen pflegen. In: Orchidee. Arbeitsmat. Fachgr. u. Interessengem. – Berlin 9(1974)2. – S. 15–16

Würtz, H.: *Dendrobium nobile,* Zimmerkultur und vegetative Vermehrung im Zimmer. In: Orchidee. – Hannover 20(1969). – S. 212–217

Zimmermann, A.; Dougoud, R.: Tropische Orchideen. – Bern, 1961. – 331 S.

Register